谷口雅春先生の
ご日常

栗原得二

Tokuji Kurihara

光明思想社

夫のこと

栗原晴子

主人（栗原得二）との結婚は不思議なご縁でした。

服部仁郎先生からのお話で、両親（編註・父は第三代生長の家理事長・清都理門、母は谷口輝子先生の姉・桂）が私の結婚について一枚の写真を持ってお山（谷口雅春先生ご夫妻のお宅）にうかがった時です。谷口先生（谷口雅春先生）は、何も申し上げない先に、一目その写真をご覧になって、「あぁ、この青年知っているよ。群馬県の人でお医者さんの卵で、純情な青年だよ」とおっしゃったそうです。父は、谷口先生のそのお言葉で私の結婚を決めてしまいました。

ところがその写真は、主人が最もふくよかだった青年将校時代の軍服姿のものでした。終戦後、外地《がいち》から復員してきた主人は、デング熱と栄養失調でやせ細っていて、その写真とは全く別人のようなのです。

主人が谷口雅春先生に初めてお会いしたのは、昭和二十二年四月でした。谷口先生が群馬・高崎で講習会をされた際、主人が会場の一番前の席に座って最初に質問をしたそうです。

「私は医者ですが、『生命の實相』を読んで医者は必要ないように思われますが、それでも続けるべきかどうか？」とお尋ねしたそうです。

谷口先生は、「お医者さんも必要ですよ。薬を盛るにしても愛念をもって、すべてを行うように」とお答えくださいました。

谷口先生は、大勢の方の中でしかも初対面の主人を覚えてくださっていて、その写真をご覧になった時、容姿もすっかり変わっているのに思い出してくださったのです。神の御《み》業《わざ》以外にはありません。やはり神様のご縁だと感じました。

谷口先生は、終戦直後、東京・飛田給に「無痛分娩産院」をつくるという構想を立てられ、その副院長として主人を招聘《しょうへい》してくださいました。主人は、谷口先生から本当に可《か》愛《わい》がっていただきました。

結局、「無痛分娩産院」はGHQの許可が下りず、そのうちに谷口先生が公職追放になりました。そんな時、お山におられることが多くなった谷口先生から、「口述筆記のために来なさい」と主人が呼ばれたのです。

速記などしたこともない主人でしたが、毎日お山にうかがって、朝の八時から夕方五時まで、途中一時間ほどお昼休みはあっても、それ以外はずっと谷口先生が口述される御教えの講義を筆記しました。その内容を、主人は家に帰ってからその晩のうちに書き上げて原稿にするのです。次の日には谷口先生にお見せし、先生はその原稿をすべてご覧になって手直しをされ、月刊誌の原稿にされていました。

谷口先生の講義を筆記している最中は、雑談ひとつせず、ずっと座りっぱなしだったそうです。普通ではなかなか続かないことだと思います。

そんな主人は、谷口先生の祈りによって命を救っていただいた体験がありました。

主人が本部の職員を辞めてしばらくたった頃、石油を海外に買い付けに行く三千トン級のタンカーの船医になりました。石油を積んで日本に帰る途中、船の中で主人は盲腸炎になったそうです。本人は医者ですから、注射をしたりしたそうですが、薬も氷も無くなってしまい、良くならずにどんどん悪化していきました。とうとう腹膜炎を起こし、赤ちゃんの頭くらいにお腹が膨れ上がったそうです。

「もう切るしかない、切りさえすれば助かるのに……」

自分ではそう分かっていても、そこはインド洋の真ん中。ヘリコプターを呼んでコルカタ(インド・西ベンガル州の州都)の病院へ移送してもらおうとしていたのですが、あいにくヘリコプターは皆出動していて、なかなか来ません。そのまま三日間も洋上で待機したそうです。

主人は決心したのでしょう。

「自分のために三日も遅れたのだから、これ以上迷惑はかけられません。もう日本に帰ってください。もし私が死んだら水葬にしてください」

そう船長にお願いして、私の所へ電報を打ってよこしました。

「モウチョウデクルシム　センセイニシネンタノメ(盲腸で苦しむ、先生に思念頼め)」

当時目黒の家に住んでいた私は、電報を見て、急いでお山へ駆けつけました。夜の九時頃でした。お山に着いて谷口先生と叔母さま（谷口輝子先生）に申し上げたところ、谷口先生は、「なんだ、盲腸の先生が盲腸になったんか」と言って笑われ、「これから思念してあげるから、『先生に頼んだ。安心せよ』とウナ電（至急電報）を打って帰りなさい」とおっしゃいました。

私はすぐにお山をおいとまして、途中、渋谷の郵便局でウナ電を打って帰りました。後に主人から聞いたのですが、その電報が届いた頃でしょうか。主人は、意識が朦朧《もうろう》とする中、何となく足元の方に誰かがいるような気がするけれど、見ようとしても見られない、そのまま気が遠くなってしまったそうです。

それで気が付いたら生きていた、というわけです。その後、体調はどんどん良くなり、横浜港に帰り着いた時には何事もなかったように元気で船から降りて来ました。奇蹟としか言いようがありませんでした。私たち二人は、すぐにお山の先生のもとに御礼にうかがいました。

タンカーの帰港が一日遅れると、当時は何千万円もの損失になると言われていました。

インド洋上で停留したため、主人を乗せたタンカーは三日も遅れて出発したのに、帰りは思いがけなく海流に乗ったとかで、予定より四日も早く日本に帰り着いたのでした。会社にとってはかえって利益となったようです。

また、医者だった叔父《おじ》は「腹膜炎が何もしないで治るはずがない」と言って信用しなかったのですが、あとで叔父が主人を開腹してみると、大網膜が悪い所を全部包み込んでいたのでした。本当に神様の御守護を感ぜずにはいられない出来事でした。

本書は、そのように谷口先生からたくさんの愛情をいただいた主人が、本部の職員だった頃、ご指導いただいたり随行《ずいこう》させていただく中で、谷口先生に身近に触れさせていただいた事を書《か》き綴《つづ》り、『生長の家』誌（昭和三十四年二月号〜三十六年九月号）に掲載させていただいた文章を整理してまとめたものです。常に真理に徹しておられた谷口先生をおしのびするよすがとなれば幸いです。

令和二年三月一日

谷口雅春先生のご日常

はしがき

これは私が生長の家本部に勤務して谷口雅春先生の御仕事を手伝ったり、随行《ずいこう》して旅先で接した私の見聞《けんぶん》から得た教訓であります。

他の人は又別の面から先生（谷口雅春先生）に接せられることもあると思います。又、時と所と人とに応じて生活の面が変《かわ》りますから、その時その場で私の見た通りに先生が常にかくあるというわけではありません。

昭和三十四年二月

栗原得二

お山の石崖《いしがけ》

その昔、先生のお宅のすぐ下に大地主であった宮崎さんという方が自分の庭の一部に茶室をたてられたのであります。その方はとても熱心な誌友《しゆう》の方で、先生(谷口雅春先生)が東京にお出《い》でになるのならと茶室を改造して提供されたのが、現在のお山のはじめだとのことであります。

当時、門から玄関までの間には、雑木、篠《しの》、雑草等が生《お》い茂《しげ》り、だらだら坂であったのだそうであります。あたかも、「山」を連想させるような所だったのであります。そのために誰言うとなく、先生のお宅のことを「お山」と言うようになって来たのでありましょう。

先生の引越《ひっこ》して来られたのは昭和九年八月であるが、昭和十五年頃になって、このだらだら坂の崖《がけ》が毎年台風時に崩壊するのを防ぐために、富山県から、わざわざ岩石を貨車で二十車輛も運んで来られ、その上、富山県の庭師もこの石と共に一緒に上京して、現在の如《ごと》き、岩石による石垣を積まれたのであります。この石崖《いしがけ》の積み方は独自の積み方で、地震で揺れれば揺れるほど引きしまって崩《くず》れなくなる生命のこもった積み方で、機械的にならべた積み方ではないのだそうであります。我々がお山の御門《ごもん》を一歩入ると、目の前に積まれた岩が苔《こけ》むし、大けやきが天をついてそびえ、春はつつじ、秋はもみじのトンネルを一つひとつ踏み石を踏みしめる時、身も心も清められ、これが東京のそうぞうしい中であるとはとても考えられない、如何《いか》にも別天地の感を深くするのであります。先生は一木一草の配列にも心くばられて専門の植木屋などに「この石はこちらを表にすべきだ」などと教えられて植木屋を恐縮させたこともあるそうです。

門

お山の御門はあらゆる点でとても立派なものなのだそうでございます。一体誰がこんなすばらしい美術的なものを考え出したのかなと、建築に趣味のある人はもちろん、趣味のもち合わせのない人だって、一応は考えさせられる品物でございます。一体誰の設計でございましょう。それはとりもなおさず谷口(雅春)先生であります。と、お聞きになれば、みんなびっくりしてしまいます。中には、先生だものそんなことは当たり前だとおっしゃる方もありますけれどもね。私だってそうだ。あのお山の門が先生のお考えによる設計で造られたのだと誰かに聞かされた時は、先生のお顔を見直したくらいでした。先生は偉大なる美術建築家であります。その昔あの門をお造りになろうとご決心なされました節は、建築に、特に造門《ぞうもん》に関する書物を山程《ほど》お集めになられて、一夜の中《うち》に、全部読破《どくは》せられましたそうであります。一応、建築に関する知識をお求めになられるにしても、かくの如《ごと》き熱中さでございます。とにかく、徹底して御研究をなされるのであります。吾々《われわれ》が一事《いちじ》を発表せんと志《こころざ》したならば、先生のこの意気込みで、周到なる準備の下《もと》に、諸事《しょじ》を決行せねばならないのであります。

神の大番頭なり

三百六十五日一日も休みなく(もちろん休日の日でも出勤)本部に参堂《さんどう》するK氏に、或《あ》る人が問うたことがあるのであります。

「お勤《つと》めによく御精《ごせい》がでますね……」

このお勤めという意味は、勤めの身ならば時間から時間まで働いて来《く》ればよろしいという意味らしいのであります。すると、K氏は曰《いわ》く、

「何、お勤めだって？　わたしは勤めてなどいないよ。わたしは自分で自分の仕事をしているんで、人に使われ、給料を得るために働くのじゃない。神様の仕事をよろこんでさせてもらっているだけなんだ。私は人に使われていると思って仕事をするな、そこにさもしい勤《つと》め人根性《にんこんじょう》が出るのだとよく話している。……」

ここに、すばらしい教訓が伏在《ふくざい》していると思うのであります。自分の仕事だと思えばこそ、どんなに働いても働いても働く意欲が湧《わ》き出《だ》して来て、いい加減な事は出来なくなり、愛が生きて来《く》ることになるのだと思うのであります。他人に使用されていると思うところに、仕事に対する熱意が不足して来《き》、そのため、会社が立派な成績をあげることができなくなって来るわけであります。まず、人に使われていると思う考えを捨てるべきであります。

先生の生活がそうであります。どんなことをもみんな、「自己の計画する仕事」としてこれをやって行《ゆ》かれるのであります。

吾々《われわれ》は胸に手をあてて、自分は今までどの道を歩んで来たかを反省し、もしも、考えが適当でないならば、即刻《そっこく》あらためるべきであります。

神の一番番頭であるという自覚が起きて来《こ》なければならないのであります。

吾《われ》、神の一番番頭なり。

御執筆について

先生(谷口雅春先生)は、執筆に、口述速記《こうじゅつそっき》に、すべてインスピレーションに指導されておられるのであります。ですから、先生が執筆なり口述をなされていらっしゃる場合には、出来得《できう》るならば、現象的雑音《げんしょうてきざつおん》で以《もっ》て、先生に迷惑をおかけするようであってはならないのであります。先生は神からのインスピレーションによってお書きになっていらっしゃるのですから、途中雑音等によって、そのインスピレーションが中断されると、その続きというものが中々出て来ないことが多くありました。

私が先生の口述速記《こうじゅつそっき》(私のさせていただいた口述速記は、速記文字に翻訳《ほんやく》しない普通の文字で、直接原稿用紙の一区画一区画に一文字ずつ書き入れ、再び書き直さないで直ぐに編集へ廻わされても少しも困らないような特別方法による速記であります)を致しておりました時分にも、先生がいわゆる口述に油が乗って来たそんな時に、

「先生、○○○さんがお目にかかりたい……」

などと、女中さんが取次《とりつ》いで来られると、折角《せっかく》の神からのインスピレーションの導きを受けて、滔々《とうとう》として流れ出ていたすばらしい神の言葉が、中途でそのまま尻切れ蜻蛉《とんぼ》になってしまった例が度々《たびたび》ありました。こんな場合、先生は人と面会なさることを非常にお嫌いになるのは当り前のことであります。ですから、先生に面会したい方は、すべからく、前々以《まえまえもっ》て、面会の日時を約束されておくことが、先生にとって大変喜ばれ、又先生のお仕事に無駄を生ぜしめない結果にもなるのであります。先生のお仕事に蹉跌《さてつ》を来《き》たすということは、ひいては人類光明化運動に都合の悪いことを惹《ひ》き起こさないとも限らないのであります。このようなことは、突然の面会は自分だけだからなどという甘い利己主義的考え

による場合がすべてであります。ところが一方、面会せられる人にとってみれば、突然の訪問者は自分だけは特別という考えの下に、次から次へとやって来《き》、中には強引に、押しの一手で面会を強要する人も出て来ることになる。これらの人々に一々面会なさっていたら、どんなに時間があり余るほどあっても足りないことは明瞭《めいりょう》なことであります。ですから、前に申しましたように、誰でも面会を希望する場合には、あらかじめ、相手の人と面会日時を打ち合わせすることが、相手を生かすことにもなるのであります。特に、先生に面会なさりたい場合にはそうあるべきであります。

先生が口述《こうじゅつ》をなされる部屋は、実相《じっそう》の間《ま》――実相の大軸《おおじく》が掛けられている八畳のお部屋のことを実相の間と通称《つうしょう》しています――でございました。

一つの机に先生と私とが相対座《あいたいざ》して、口述速記《こうじゅつそっき》するお仕事は、大体午前八時より午後五時まででありました。この間、昼食時に約一時間を休まれるだけであります。そして、午後の仕事の始められるのは午後一時からでありました。三時には、冷やしコーヒー或《あるい》は熱い番茶が、実相の間へ運ばれて来るのが常であり、先生と私とは、その番茶なり、コーヒーを飲み飲み仕事を続行してまいったことがありました。そして、一日平均百枚の原稿用紙にびっしり先生の口述が速記されて行《ゆ》くのでした。この口述の速さは全く驚嘆《きょうたん》に値《あたい》します。そのため、時々、速記しおくれて先生からお叱《しか》りを受けることもありました。これは全く人間業《にんげんわざ》とは考えられないことであり、ここに「神のなさしめ給《たま》う」ということがうなづけるのであります。

私はこの口述速記《こうじゅつそっき》された大体百枚の原稿を家に持帰《もちかえ》り、一夜でこれを一読二読して、抜けている字を入れ、カタカナを漢字に訂正したり等して、翌朝、お山にまいる時に、それを持って参り、仕事の始まる先に、先生に差上《さしあ》げることになっていました。先生はこの前日の原稿を大体三十分間くらいでお目を通され、訂正する箇所《かしょ》は訂正なされて、日本教文社の方へその日の中《うち》に廻送《かいそう》されて行《ゆ》くのだとのことでありました。先生の著書は、かくの如《ごと》く人間知以上の力に導かれて著述《ちょじゅつ》なされて行《ゆ》くのであります。

これには、先生のインスピレーションばかりでなく、先生の努力、粘《ねば》りというものが加《か》味《み》されていることを忘れてはならないのであります。

先生の口述速記をしている私にとって、最も光栄と考え、感謝していたことは、誰よりも早く神のお言葉を拝し接しられるということでありました。

近頃は大分変《かわ》っていると存じますが、私が先生の原稿を速記していました頃は、どんな寒中《かんちゅう》でも、実相《じっそう》の間《ま》には、火鉢《ひばち》が一つ置かれているだけであります。寒がり屋の先生は、手をもみもみ、或《あるい》は手を火鉢にかざし、或はふところ手をして口述《こうじゅつ》せられるのであります。あらゆることがすらすらと先生の口から出るくらいすばらしいことはないのであります。面会希望者よ、先生のインスピレーションを中断するなかれ。「自分だけ」という利己主義的考えを捨てよ。

御揮毫《ごきごう》のこと

先生が御揮毫なされる際——

第一に、御揮毫に必要な墨汁《ぼくじゅう》を作ることが大変な仕事なのであります。一枚や二枚のものをお書きになるのなら、そう大変なことはないのですが、二、三時間の中《うち》に大体百枚に及《およ》ぶ半折《はんせつ》の軸、或《あるい》は額がことごとく御揮毫なされてしまうのであります。誰だって、こんな短時間内に半折のものを百枚も揮毫することなど出来ないでありましょう。これ神のなさしめ給《たま》うからであると思うのであります。ですから、それに必要な墨汁も随分《ずいぶん》たくさんいるのであります。この墨摺《すみす》りの大役は、昔は女中さんまで大動員されたのだそうでありますが、私がお山へ通勤していた頃は、清超先生と私、或《あるい》は吉田國太郎《よしだくにたろう》講師と私というように二人ずつ組んでいたものでありました。

先生の御揮毫《ごきごう》は、全く日常茶飯事《にちじょうさはんじ》と少しも遜色《そんしょく》なく、筆と紙と墨汁《ぼくじゅう》と人との真の一体化を物語るものであります。こんなにたくさん書かれても少しもおつかれのご様子は見受けられないのであります。これ、まことに神のしからしむる所以《ゆえん》であると思うのであります。

御揮毫は、実相《じっそう》の間《ま》でなされ、お部屋の中央に机、机の上には古新聞紙が三、四十枚広げて重ねられています。この古新聞紙の上に新しい半折《はんせつ》の紙をのせてお書きになると、その一番上の古新聞紙と共にお書きになった半折の書を一緒にとりのぞき、その下に出て来る古新聞紙の上に別の新しい半折の紙がのせられて又書かれる、書いたものは古新聞紙と共にとりはずす……という工合《ぐあい》に、百枚もの御揮毫が次々に書き上《あが》って行《ゆ》くのでありま す。

全く超人間的な速力で、これらのことが秩序整然となされて行《ゆ》く様《さま》は誠に見事なものであります。この時、奥様もとても真似《まね》の出来ない早業《はやわざ》で「ハヽン」を押して行《ゆ》かれるのであります。御揮毫《ごきごう》中《ちゅう》は静寂《せいじゃく》である中《なか》にユーモアというのでしょうか、暖かい気分がただようている何とも表現し得ない雰囲気《ふんいき》であるのであります。

至誠《しせい》天に通ず

キリストも

「神よ、神よ、神よ……」

と神の名《みな》を呼びつづけ、神にのみ認められんことを希《ねが》ったのであります。

現在の聖キリストとも私の尊敬している谷口雅春先生もやはり「神よ、神よ……」と神の名を呼び、神と一体化ならんとして、常時、それこそ死にものぐるいの如《ごと》き「神想観《しんそうかん》」をなさっておられるのであります。

終戦後の停電の多かった頃は、停電になると、長時間にわたって「神想観」をなさり、神の導きを求められたのであります。それに引《ひ》き換《か》え、吾々《われわれ》は一体停電時はどうであったろうか。全くお恥ずかしいことであるが、停電すれば、暗闇《くらやみ》をいいこと幸いにして、何事もなすことなく眠ってしまうことのみに専一《せんいつ》であったのであります。かくの如《ごと》く、先生と私らの間は、こんな時にも、ぐんぐんとひろげられて行ったのであります。

お山の女中さんに、ある時、こっそりと聞いてみた。

「君、君、ちょっとちょっと……」

「何か御用でも……」

「あのね、先生は神想観《しんそうかん》を一日に幾回《いくかい》くらいなさるんだろうかね……」

するの、女中さんはそのものずばりと、即座に、

「私が知っているだけでも、五、六回はなさいます……」

というわけで、先生が神に呼びかけられることのいかに多いかということがこれで立証せられるのであります。私はもっともっと神想観をせねばならぬことを痛感したのでありま す。

神は如何《いか》なる所にもましますす普遍的存在《ふへんてきそんざい》であります。吾々《われわれ》が神を求めても、求めなくとも、そんなことには一向かかわりなく、神は常に我々を見守り、導いていて下さるのであ

ります。そして、この宇宙一切のすべてのものを、神が創造なさったのであります。聖詩には、

神はすべてのすべて、
神は完《また》き生命《いのち》、
神は完《また》き叡智《みちえ》、
神は完《また》き聖愛《みあい》。

……………

この創造神に認められることが重要なことであります。人間に認められようと思うと、人間には、ゆがんだ心、依怙贔屓《えこひいき》があるから、どうしても一様に平等に認められ難いのであります。だから、こんな人間に認められようなどと思わないで、創造主であり、平等心の持主《もちぬし》なる「一元神《いちげんしん》」に認められることのみを念頭に置いて諸事《しょじ》をなすべきであります。

至誠《しせい》必ず天に通ず。
至誠《しせい》必ず天に通ず。
唯々《ただただ》、神にのみ認められたい。

唯々《ただただ》、神に認められ、讃《たた》えられんことを。

付記

先生の神想観《しんそうかん》は毎日午前五時十分より、及《およ》び午後八時半より各三十分間であります。大いにこの時間に、心の波長を先生の愛念の波長に合《あわ》すことが吾々《われわれ》の幸福になる因《もと》である。

「神の無限の愛われに流れ入《い》り給《たま》いて、われに於《お》いて愛の霊光燦然《れいこうさんぜん》と輝き給《たま》う。愛の霊光いよいよ輝きを増して、全地上を覆《おお》い給《たま》い、すべての人類の心に愛と平和のおもいを起《おこ》さしめ給《たま》うのである」

右の先生の神想観の時間、その他閑《ひま》ある時間に随時《ずいじ》数分間、宗派をこえて一人でも多くの人で祈りましょう。〈世界平和光明思念連盟〉

へりくだれる人

先生は常に、

私の使命は、少しでもこの世界を光明化したい――

とおっしゃられているのであります。

私は、先生から、私の心に光明《こうみょう》を点じて頂いた一人なのであります。私は、この心の光明の火をもっともっと、多くの他人様《ひとさま》の心に点じねばならないのであります。

先生の御旨《みむね》が「この世界を少しでも光明化したい」にある以上、吾々《われわれ》はこの方向に邁進《まいしん》せねばならないのは申すまでもありません。先生の「少しでも」というお言葉は、先生の御心の中に「謙遜」の美徳がひそんでいることを表明しているのであります。どんなことにも、「へりくだり」の徳がなければ、人から「あいつはのぼせ気味」とか、「のぼせ上《あが》り」という後指《うしろゆび》をさされなければならないことになるのであります。とにかく、すばらしいこの真理が「謙遜」の座の上に立てられているということは、この道の強みであります。ですから、先生は、どんなつまらないと思われるような人の話も熱心にお聞きになり、又、どんな質問に対しても誠心誠意をもってお答えになっていらっしゃるのでありますす。その頃、某地《ぼうち》の講習会には、たった六、七十人の講習生しか集まっていなかったことがありますが、こんな場合でも、幾千人《いく》の聴衆にお話しなさる時と少しも変《かわ》りなく、滔々《とうとう》諄々《じゅんじゅん》としてお話し下されたのであります。

この偉大なる先生の弟子の中には、少々のぼせ気味の人もおって、

「僕は幾《いく》百人以上聴衆が集まらなければ行きません……」

と、胸をそらせ、ごうまんな態度をして、乳児の如《ごと》く駄々《だだ》をこねる人もあるということであります。全く、情けないことであります。これにひきかえ、先生は、すばらしくやわらかな態度で、やさしい親しみのある口調で、笑顔を以《も》って、人類の光明化のために、日夜御指導下さっているのであります。全くありがたいことであります。

有徳者《ゆうとくしゃ》になればなる程《ほど》、古諺《こげん》に「実るほど頭《こうべ》を垂れる稲穂かな」と言われる如く、頭が、腰が低くなって来るものであります。

そうだ。私は、先生の御心にお応《こた》えすべく、「へりくだり」の心を忘れずに、道を歩むのだ。

根のある生活

先生がつねに細かいことにまで、最大の注意を払われていらっしゃることは、既に衆知のことであります。

先生は漠然《ばくぜん》とした目標の解らないような生活は絶対になさらないのであります。この漠然とした生活には生命の浪費という事が最も強く指摘せられるのであります。生命を尊ぶ先生が、どうして生命の浪費を敢《あ》えてせられるでありましょうか。絶対にそんな無駄な生活はなさらないのであります。生命の合理的な生活を好まれていらっしゃいます。先生は必ず根拠のある生活を営まれていらっしゃいます。根のある花は凋落《ちょうらく》しませんが、根から切り離された花は、如何《いか》に美しくとも、如何なる方法を施しても、必ず枯れてしまうのであります。先生の生活は、このたとえと同じこと、根のある生活、がっちりと大地に連なっている生活であるのであります。吾々《われわれ》も先生の如《ごと》く、根のある生活をするように心掛けて行《ゆ》かなければならないのであります。

ある日、先生曰《いわ》く、

「毛筆の穂に墨をつけておけば、虫が食わない」

とおっしゃって、御揮毫《ごきごう》後、毛筆に墨をつけておられました。

又、先生は、長期の御旅行中、ワイシャツの袖口が汚れないように、特にシャツを裏返しておられたり、或《あるい》は、夏の汗の多く出る時など、ワイシャツのエリにハンカチをはさまれてエリの汚れないようになさったりしていらっしゃったこともありました。先生は旅館についても、滅多《めった》にその肌着を、権利のように旅館で洗わせるようなことなく、行《ゆ》く先々の人々になるべく負担のかからぬようにしておられました。

たった、これだけのささいなことにも注意をよせられる先生なのであります。先生は、何でも御自分でなさる「実行型」「実践型」なのであります。吾《われ》らは、是非《ぜひ》とも、この「実践型」の生活を遂行すべきであります。

実行する時、初めて、しっかりと根が生えて来るのであります。

かくの如《ごと》く成り得たのは

先生は常に、

「私が現在かくの如き生活をなし得ているのは、私の先祖の徳と、その導きと、家内の内助の功のお蔭《かげ》であります」

とお話なされるのであります。

お山にいらっしゃる時には、特に先祖霊に対して、敬虔《けいけん》な態度をおとりになられるのであります。とにかく、先祖あって、自分が生まれて来たのであるという御自覚の、教えの手本となるべき生活態度をお示しになっていられるのでございましょう。

奥様を讃え、感謝されていられるのも、お山に伺《うかが》っておりますと、目《ま》のあたり拝見することであります。生命の半分である方をかくも讃えられる点に於《お》いては、先生にしても、奥様にしても同じであります。

吾々《われわれ》も、この大先生にならわねばならないと言って先輩誌友《しゆう》から教えられております。

今を生きる

先生のお仕事のお手伝いをさせて頂いて大変心に感じたことは、とにかくその日、その時に出来ることを、又、やりかけていることを翌日に延期しないということである。

その日のことはその日の中《うち》に片付ける。

これこそ私が先生から授けて頂いた金科玉条《きんかぎょくじょう》とも言うべきことであります。

これであってこそ、如何《いか》なる仕事が山の如《ごと》く積まれても、手さばきも鮮やかに処理なされて、絶対に滞積しない原理であるのであります。

その日に出来ることは、その日に出来ることであって、翌日には出来るとは限らないのであります。全力を出して一瞬一瞬を力強く生き抜かねばならないのであります。

その日のことはその日の中《うち》に。

一日を力強く生きること。

父死せず

昭和二十二年四月二日。

この日こそ自分の人生観が三百六十度転換した記念すべき日であり、私の灰色に塗りつぶされていた当時の生活に光明《こうみょう》が点じられ、真に希望に充《み》ち満《み》ちた生き甲斐《がい》のある生活がくりひろげられたのである。そして、又、神縁《しんえん》に導かれて、谷口雅春先生と切っても切れぬ師弟の関係が結ばれた祝福すべき日であります。

回顧すれば、高崎市の「うきよ」亭で、群馬県に於《お》ける戦後初めての生長の家宗教講習会が四月二日より三日間にわたり開催されたので、日頃『生長の家』誌を拝読し、聖経『甘露《かんろ》の法雨《ほうう》』を読誦《とくじゅ》していた私は、

「生長の家総裁谷口雅春氏（当時はまだ先生とは呼んでいなかった）とはどんな人物であるか一度見知っておく必要がある」

というが如《ごと》き、誠に不遜《ふそん》な心構えで、講習会に参加したのであった。とにかく、先生の人

物を見極めるためには、後方より前がよい。前ならば最前列がよいというわけで、演壇のすぐ前に陣取り、生長の家総裁の出場するのを、今か今かと固唾《かたず》をのんで待ちかまえていたのであります。この時こそ、全く緊張に満たされた数十分でありました。

さて、定刻が来《き》、横手の薄暗い廊下から、しずかに総裁がお出《い》でになった。その方を一目見た時、私の心臓は非常な驚きのためにあやしく打ちふるうのであります。一体、私は、総裁に何を見たというのでありましょうか？　それは、私は亡き父の姿を、総裁の姿の中に見たのであります。総裁が父であったのであります。私のなつかしい、あのやさしい父は今ここに生きていたのであります。そして、谷口（雅春）先生が壇上に立たれて、合掌《がっしょう》されながら、

「皆さまありがとうございます……」

とおっしゃったその御声が、又しても父にそっくりなのであります。そして、御法話の中の身振りなどどこと言わず父にそっくりなのであります。こちらを向いてにっこり笑いかけられるその笑顔にも……私は幻想を見ているのではないかと幾度《いくど》となく我れと我が目をうたがいました。しかし、依然として父の姿は消えないのであります。

後々《のちのち》になって、亡き父が私をして、生長の家に導いて下さり、人間の生命は永遠に生きていることを教えて下さったのだとわからせて頂いたのであります。

今もってあの時の印象が脳裏《のうり》に焼きついていて、谷口先生をお父さんと呼びかけたくなる衝動にかられることがしばしばあるのであります。谷口先生のおそばに参りますと、勿体《もったい》ないことですが、なつかしく父を思うのであります。

記憶力はすばらしい

亡き父を谷口（雅春）先生の中に見出《みいだ》してから約一ヵ月経過した五月五日、これ又奇《くす》しき因縁《いんねん》により、自分の生命の半分である「妻」を見出すことが出来たのであります。

それは、家内の両親が、御巡錫《ごじゅんしゃく》からお帰りになった谷口先生に自分の「末娘《すえっこ》」の結婚のことで御相談にまいったのだそうであります。谷口先生の奥様と家内の母とが、相手の男性の写真を見ながら、何やら話し合っておったのだそうであります。そこへ、先生がお出《い》でになって、家内の母から一言も話をきかない前に、その一枚のりりしい軍服姿の青年

将校の写真を見て、

「ああこの青年を僕知っているよ。

高崎の人で、お医者さんで……

非常に純情な青年だよ」

とおっしゃられたのだそうであります。しかもその写真は戦争中に撮《と》ったもので、私の一番太っていた頃のものでした。終戦当時の私は、外地《がいち》から復員して来て栄養失調に痩《や》せ細っていて、その写真とは天と地の如《ごと》く大分変《かわ》った容貌《ようぼう》だったと思うのでありますが、谷口先生の霊感と申しましょうか、ただ一面識に過ぎない自分を先生のどこかに御記憶下さったとは誠に有難《ありがた》く光栄の極みであります。

この先生のお言葉をきいた家内の両親は、この青年がすっかり気に入って結婚を進めたのだときいています。

もしも、私が高崎で谷口先生の御講習を受けていなかったとしたら、家内との神縁《しんえん》はおそらく結ばれなかったかもしれないと思われるのであります。

それにつけても、谷口先生の記憶力のすばらしいことは驚愕《きょうがく》するばかりであります。

とにかく、どのくらい多勢《おおぜい》の人達に接しておられるか知れないのに、一講習会でちょっと見た者を御記憶なさっておられるということは神の力のしからしむるところでなくて何でありましょう。

私は私の人生に光明《こうみょう》を点じたこの記念すべき講習会に於《おい》て、

「現在、私は医者をしております。しかし『生命《せいめい》の實相《じっそう》』を読んでおりますと、医者など必要ないものだと思って来ました。医者である自分がこのように考える……こうした矛《む》盾《じゅん》を如何《いか》に解決したらよろしいでしょうか。又、医者を続けて行《ゆ》くとすれば、どのような心構えでして行《ゆ》けばよろしいかお教え下さい」

という質問をしたのであります。

その時、先生は、

「お医者さんも必要なのです。平常心でして行《ゆ》けばよいのです。そのままの心ですればよろしいし、唯々《ただただ》薬をもるにしても、注射をするにしても、必ず治るという愛念《あいねん》を一緒にもってやることを忘れてはならないのです。愛念を忘れないようにして下さい……」

とおっしゃって頂き、私は再び医者として生きることも必要なのだ。自分が医者として必要がなくなるまで、出来るだけ、患者に愛念を送る医者に、深切《しんせつ》な医者になろうと決心したのでありました。谷口雅春先生はおっしゃっています。

「医学生に対して――学校で先生の教えて下さる医学の講義を素直に修めること。深く深く医学に徹すること。あらゆる現象的医学を究《きわ》めること。しかして後にロックフェラー研究所外科医長故カレル博士の如《ごと》く、全ての医学に徹しつつ、しかも未知なる『人間』を発見するのでなければならない。医学は一つの道具である。すぐれた道具によってすぐれた成果をあげる事が出来るのである。神に導かれつつこの道具を使って医術を行う者となるのでなければならない」

三人の息子

「与えよ、さらば与えられん」

ということが富性《ふせい》の原理であります。

谷口雅春先生は、このすばらしい法則を行《ぎょう》じていらっしゃる方《かた》であります。先生は、すべての法則を御自《おんみずか》ら実行していらっしゃるのであります。だから、先生の周囲には、すべての法則が生きており、又生きて来るのであります。

「与え切る」ということが、如何《いか》に困難であるかということは、一例で申せば、先生が先生の一人娘を与え切る即《すなわ》ち放つ愛に生きんとなされた時、どんなにお苦しみになったかということを先生のお書きになった文章の中で、慈悲喜捨《じひきしゃ》の「四無量心《しむりょうしん》」の捨徳《しゃとく》について説明されたお言葉に見受けられるのであります。そして、「一人娘」を息子清超氏に与え切った時、そこに又与えられたものがあると、先生は神誌《しんし》にお書き下さったのであります。そして、私は感謝とともに奮起《ふんき》せざるを得なかったのであります。

即ちそのころ先生はこのようにお書きになった——

「一人の娘を与えたら三人の息子が与えられ、しかもその一人の娘も失われたわけではない。

私にはまた清超という息子が与えられ、続いて徳久克己と栗原得二という息子が与えられた。

これらの息子はいずれも純情の青年であって、生長の家のためなら生命を捨てかねない好《よ》い息子である。

私の家内は、ただ恵美子一人を生んだに過ぎないが、私はその一人を与え切ることによってこうして多くの娘と息子とを得たのである。

もっとも本部員や誌友《しゆう》たちは、皆私の息子であり娘であると言い得《う》るが、特に上記の人たちは、肉身的にも息子である感じが如実にしているのである」

その後、先生には、三人どころか無数の有能の子たちを生み出しておられるので、吾々《われわれ》だけが先生の愛を独占してはならないが、吾々は、この大先生の「行《ぎょう》」を先《ま》ず見習い、実践することから始めねばならないのであります。

唯々《ただただ》先生に教えられた通りに、そのまますなおに実行すればよいのであります。教えられた通りに種子を播《ま》けば必ず芽が生《は》えて来るのであります。

愛の手紙

私の家内はお山の恵美子若奥様と従妹《いとこ》であるため、小さい頃から、随分《ずいぶん》お山に遊びに行ったそうであります。そして、先生、奥様に大変可愛《かわい》がられたそうであります。終戦後、家内が専門学校を卒業して、日本教文社で奉仕させて頂いていた時のことであります。いよいよ神縁《しんえん》あって、私と結婚することになり、日本教文社を辞《や》めさせて頂いた際、慈愛深き先生は、旅行先より、次の如《ごと》き、おやさしいお心遣いをなされて下さったのであります。即《すなわ》ち、吾々《われわれ》の結婚も最初から幸福そのものであるのであります。——

清都様　　谷口雅春

晴子様婚約決定の由《よし》、先《ま》ず先ず結構の事とお慶《よろこ》び申上候《もうしあげそうろう》。就《つい》ては婚儀《こんぎ》の支度《したく》も有之《これあり》、近日退職せられることと存じ候《そうろう》が、然《しか》る上は誠に些少《さしょう》ながら、金弐《に》千円也、退職慰労金として御支出相成度願上候《あいなりたくねがいあげそうろう》。敬具

昭和二十二年五月二十一日

〝頂きもの〟

昭和二十四年十二月二十八日。

この日は、この年の仕事仕舞《じまい》の日でありました。

仕事の終った後先生のお部屋で、先生御夫妻とともに私は、一時を雑談?に過ごさせて頂いたのであります。その時、先生が、

「栗原さん、あなたに何でも欲しいものをあげるから言ってごらんなさい」

と言われたのであります。そばから

「遠慮なしに言ってごらんなさい」

と奥様もおっしゃるのであります。

当時、飛田給にいた私たちは、徳久氏を始め引揚者《ひきあげしゃ》や焼け出された人たちばかりの集りのようで、世間から見ると物質的には、みじめなような生活でした。飛田給も建設第一歩、吾々《われわれ》の生活も正しく第一歩でありましたので何もないのですから、ほしいものはたくさんあるのです。中でも、私が一番ほしいほしいと願っていたものは大聖典(『生命の實相』全巻を一冊にまとめた函入りの豪華本)なのであります。

ですから、私は、おそるおそる、

「大聖典を頂きたい」

と申上《もうしあ》げました。すると、言下に、

「お山には、大聖典が二つきりないので、あげることは出来ないから、他のものは……」

とのこと故《ゆえ》、私は、

「では、先生のお使いになられている写真機を頂けませんでしょうか」

と申しますと、

「そうね。母さん、写真機をもって来て下さい」

と、先生が奥様におっしゃられますと、早速、奥様は、ベスト判と、ブローニー判との二つの写真機を持っておいでになり、私に、

「どちらでも好きな方を……」

とおっしゃられたのであります。私は無造作《むぞうさ》に、ベスト型の方をとって
「これを頂けませんか」

とおききしますと、

「それは、少しシャッターがこわれているんだが、それでもよかったら……」

とのことで、私はベスト型を頂いたのであります。後でおききしますと、私の頂いたもの

が先生のお使いになっていらしたもので、もう一つのものは清超先生の写真機だったということであります。

私は、先生の写真機を頂いて有頂天《うちょうてん》になって喜んで、会う人々に、その写真機を見せたり、それで撮影してあげたりしていたら、ある日、K氏に、

「君、そんなに他人に喜んで見せていると、生長の家の人の中にも、君を妬《ねた》むものもあるから注意した方がよいよ。生長の家の人だって、色々あるからね、注意しなさい。……」

と、ありがたい御忠告を頂いたのであります。それ以後、私は、自慢の写真機を説明することをやめてしまったのであります。全く恐ろしいことがあればかなわないからですね。とにかく、先生から頂いた写真機の性能はすばらしいものであります。これこそ、私の宝物の一つであります。

このところでもう一つ。それは欲しいものはねだること。下さると言ったらくそ遠慮などせずに、そのまますなおに頂くことであります。これが又、先方を生かすことにもなるのであります。

私は、先生から頂くことの出来なかった大聖典を遂に天から与えられることが出来たの

であります。即《すなわ》ち、

私はいつも大聖典が与えられますようにと祈ったのであります。しかし、この大聖典は戦前に作られたもので、数が限られ、しかも戦争でたくさん焼けてしまい、残っているものでもほとんど手放される人もなく、たとい手ばなす人があっても、すばらしい芸術品として当時の値段でも一万円から一万五千円はするとのことであって、五千円足らずの生活費でほとんど余裕のない私には、とても手のとどかない、一見不可能に近い状態でありました。しかし、神様に不可能はないのだ。必要なものはすでに与えられているとの御教えに力づけられて、尚《なお》も念願は断ちませんでした。神様はやはり吾々《われわれ》の切なる願いはきいて下さるのであります。祈りはきかれたのであります。九州の皆上氏のお世話で、すばらしい大聖典がほとんど真新しいように大切に保存されていたものが、私のところへ送られてまいりました。しかも、たった五千円でよろしいとのことでありました。ちょうど、その頃、昇給され又他から、臨時収入もあって、全く五千円だけの余裕が与えられていたのでありました。神様は吾々の心からの願いを必ず必ず与えて下さるのであります。

庭掃除

ある日の夕刻、お山を辞去するために、帰り支度をしている私に、先生が「栗原さん、明日天気がよかったら、口述《こうじゅつ》を中止して、お山の庭掃除をしますから、そのつもりで身支度をして来て下さい」とおっしゃったのであります。ここにも示されていますように、先生の日常生活には、すっかりスケジュールが組まれていて、少しも無駄がないように出来ているのであります。無駄があるというのは、とりもなおさず、神の存在を無視している、神を生きていない、生命を殺しているということになるのであります。吾々《われわれ》はこの一事をも完全になし得ているでありましょうか。すべての生命を生かしているでありましょうか。綿密な生活設計が立てられているでありましょうか？　反省‼　反省‼　反省‼

そこで、翌日は、巻脚絆《まききゃはん》に地下足袋《じかたび》ナッパ服でお山へ伺《うかが》ったことは言うまでもありません。お山での毎日はとても規則正しく、先生はその頃、私への口述筆記《こうじゅつひっき》は常に午前八時からお仕事をし始められていたのであります。ですから、私は大抵《たいてい》、いつでもこの始業開始三十分前にはお山へ到着するようにしていました。その日も、いつもと変《かわ》りなく到着し、庭掃除の準備をしていると、定刻八時近くになり、今日は、一体誰とお庭掃除をするのかな、或《あるい》は僕一人でするのかなどと思いつつ、とにかく、玄関から掃除をし始めたのであります。すると、誰か異様な勇ましい姿――ナッパ服、ゴム手袋、ゴム長靴、手拭《てぬぐい》で頭を結んだ――で出て来られたのであります。よく見ますとそれが先生であったのであります。私は全く感服したのであります。先生御《おんみずか》自ら陣頭指揮で、庭掃除までなされるとは全く知らなかったことであります。教えの道に於《おい》て、百万の信徒を有する大先生が自ら、庭掃除をなさるのであります。さて、吾々《われわれ》はどうでしょうか。色々の理由をつけて、庭掃除、ふとんあげすらしない人もいるのではないでしょうか。吾々の習うべき点はこんなところにもあるのであります。

そして、先生が掃除された後を見ますと、それはそれは、整然と片づき掃《は》き浄《きよ》められているのであります。先生は、全く法則の通りに掃除すらなされているのです。どんな所にも、法則が生きているのであります。お年の割に掃除をなさるその速さ、これもすばらしいものであり、精魂《せいこん》の強烈さも感嘆すべき点でありました。若い私の方が追いまくられる程《ほど》でありました。とにかく、やりだしたら、先生は、一気にやり遂げてしまうのでありま す。だらだらした、いい加減なことでは御承知なさらない敬服すべきお性格をお持ちにな っていられるのであります。

あの広いお庭の隅《すみ》から隅《すみ》まで、感激に満たされた私は先生と二人で掃除し尽したことは言うまでもないことであります。このことは私にとって、記念すべき事件の一つなのであります。

庭掃除に於《お》ける、先生の精密な支度態度、頑張りなどは、特に吾々《われわれ》の模範となすべきところであります。

慈愛こもる〝カイロ〟

ある時、随行《ずいこう》を命ぜられ、東京駅を夜行で出発したのであります。その夜は非常に寒く急に冷え込み、列車内は冷え冷えとしてまいりました。私はレインコートを着、襟《えり》を立て、身体《からだ》を丸めて眠ろうと苦心してみましたが、どうしても身体《からだ》があたたまらず、寒くて寝つかれなかったのであります。こんなわけで、先生も寒さのためにおやすみになれなかったのでございましょう。トランクの中から、温かいお召物《めしもの》をとりだしてお召《め》しになりました。そして、トランクの底から小型のものをとり出されて、

「栗原君、寒けりゃ、これを貸してあげよう……」

とおっしゃられるのであります。

「ハイ、ありがとうございます……」

と言って、その品をおし頂き、手にとり開けてみますと、中からは、先生の慈愛こもる〝カイロ〟が出て来たのであります。その時、全く、ブルブルガタガタと身体《からだ》が寒さのためにふるえる程《ほど》であり、温かいものなら何でも手の出る程欲しかったのであります。早速お貸し頂いた〝カイロ〟に火を入れて、下腹部にしっかりと強くだきかかえさせて頂いたことはもちろんのことであります。そして先生のあたたかい、あたたかい御愛念に感謝しつつ、いつの間にか、ウトウトと眠りにおちて行ったのであります。このことで私は先生の用意周到なことに驚きつつ唯々《ただただ》感謝感激で胸はいっぱいでありました。

人を諭《さと》すには

先生が私の悪いところを指摘して下さる場合、必ず秘かにお諭《さと》し下さるのでございます。絶対に公衆の面前では、どんな小さいことでも、注意して下さらないのであります。これが先生のすばらしいところであり、又吾々《われわれ》が見習わねばならないところだと思うのでございます。吾々は、とかく、他人の前で、人を注意してみたがるものであります。これでは、注意された人のメンツは丸つぶれにならないとも限りません。そして折角《せっかく》の忠告も無駄となるばかりでなく、かえって、仇《あだ》となって来《き》かねないのであります。ですから、先生は常にこうお話し下さっていらっしゃいます。

「責めたいような点があったならば、かえって賞めるようなところを探し出してその人を賞めなさい」

これによって、どんな人もみんなすくすくと生長して行《ゆ》くのであります。

愛の心がなければ出来ない仕事であります。

神は愛なり。

愛は相手の痛手を柔《やわ》らかく包み癒《い》やす作用があるのであります。大愛の中に生活していらっしゃる先生は、相手をやっつける行動は一切なさらないのであります。

食べ物のたべ方

昭和二十四年十月、四国へ先生のおともをした時のことであります。高知市に於《お》ける先生の講習会第一日の朝、先生とともに朝食を頂いたのでありました。私は生来《せいらい》つけものが大好きでありますので、その時も、おいしそうな漬けものに第一に手をつけたのであります。色よい漬物《つけもの》のおいしかったこと……今も忘れないその味わいでありました。お給仕の奥さんが、座を立った後、先生は
「栗原君、君は御飯をたべる順序をわきまえているのかね？」
ときかれたのでありました。私は、
「は!!　はい、存じません。教えて下さい」

と申上《もうしあ》げたのでありますが、突然なので、あ、自分はとんでもない失敗をしてしまったかなと、内心ギクリとしたことでありました。すると先生は静かに、

「御飯を頂くときには、先《ま》ず、お汁《つゆ》で箸《はし》を湿《しめ》して、御飯を一口頂き、ついでお汁、その次に何でもおかずを頂くのであって、漬物《つけもの》はあとからたべる。漬物を真っ先に食べるのは不作法に近いものなんだよ。つまり、漬物は『ソエタモノ』『附《つ》ケタシタモノ』『附ケタモノ』であって、『ツケタ』ものを第一番に頂くという方法はないのだね。御飯を第一、二に頂くということは、接待をして下さる方が真心こめて下さったものであるからだね。まあこういう食事時の作法を知っていて、その上で『ツケモノ』を先に頂くならまだよいのだけれどもね。僕だって、漬物は大好きなんだよ。……」

とやさしくお教えくださったのであります。本当の親であっても、これほど深切《しんせつ》に教えて下さる方は少ないでありましょう。私は、かくして先生より数知れず、御愛念を頂き、自分は誰よりも幸せものであると感謝し、今もって感謝している次第であります。

名を呼び捨てるべからず

自分の子供でも、本来は自分のものではないのであります。妻でも本来自分のものではないのであります。子供も妻も、みんな神の子であることが本来性《ほんらいせい》なのであります。ですから、名を呼ぶ際、妻でも、子供でも、名を呼び捨てにしてはならないのであります。

先生は一人娘、恵美子様をお呼びになるにしても、絶対に恵美子とは呼ばずに、恵美子サンと、サンをつけて呼んでいらっしゃるのであります。吾々《われわれ》の大先生御自身がこの通りなのでありますから、吾々信者一同はこのことを見習い実践すべきではありませんか。先《ま》ず、身近な所から愛を行《ぎょう》じねばならないのであります。谷口雅春先生は『生命《せいめい》の實相《じっそう》』でこう述べられています。

「家庭の内ではともすれば、家族の名前を呼び捨てにするけれども、それは決して家庭の雰囲気《ふんいき》をよくするものではないのである。人間は神の子であって、家族といえども、私的の所有ではない。家庭は神の子同士が、神の子の生活を実現するための道場なのである。

だからどれだけ美しい言葉を使っても美し過ぎるということはないのである。（略）家族だからとて、名前を呼びつけに出来るものではない。下女《げじょ》でも召使《めしつか》いでも、名前を呼びつけにせられない時には非常に気持が好《よ》いものである」（新編『生命の實相』第十三巻「生活篇」一六七〜一六八頁）

形をもたてる

天皇中心主義者でいらっしゃる先生は、永遠に天皇を崇《あが》め奉《たてまつ》られて敬慕《けいぼ》しておいでになるのであります。

ある時、山陰の一宿舎――先年に、今上陛下《きんじょうへいか》（昭和天皇を指す）がこの地方へ行幸《ぎょうこう》なさいました節お泊まりになったという家です――に泊めて頂いたことがあります。誌友《しゆう》の熱愛？で、先生には是非《ぜひ》とも先年陛下が御使用遊ばされました上段の間のお部屋でお泊まり頂くことになったそうでありますが、実際先生はその上段の間を拝まれただけで、スーッと別間に布団《ふとん》を敷かれておやすみになってしまわれました。これをみて私は、ああすばらしいことだ。偉大なる人物ともなれば成る程《ほど》、敬虔《けいけん》な態度をおとりになられる。この先生のためには、又、敬愛する先生が心身を打ちこんでおられるこの仕事――人類の光明化運動――のためには生命をなげだしても全く惜《お》しくはない、と、しみじみ肝《きも》に銘《めい》じたことがあるのであります。皆様は如何《いかが》ですか。

ゆかたがけ

常に四角四面な肩の張るような生活では、生命が萎縮《いしゅく》してしまうのであります。常に張り切っている弓の弦《げん》は切れてしまうのと同じく、生活にも緩急《かんきゅう》がなければならないのであります。

先生の生活は、一般人と少しも変《かわ》りがないのであります。つまり、浴衣掛《ゆかたが》けになり、足を投げ出し、又、あぐらをかけば、あくびもし、昼寝もなさるのであります。

先生は、先生を神の如《ごと》く、あまりにも崇《あが》め奉《たてまつ》られてしまうことを欲しておられないのであります。先生はいたって民主的な方であります。

若年

青年「谷口（雅春）」先生は、すばらしく気迫に富んでいたとのことであります。青年の頃は長髪で、その髪を紫色の紐《ひも》で結《ゆ》わえておられたそうであります。そして、滔々《とうとう》と弁舌《べんぜつ》なされていたというわけであります。当時の先生のお姿を、それぞれがそれぞれの形に想像することも又、先生との親しさを増す原因にもなるのではないでしょうか。

先生は「こわい」方《かた》ではなく、「やさしい」愛に満ち満ちた方でいらっしゃいます。ですから、先生を何となしに敬遠するようなことがあってはならないのであります。幼子《おさなご》の如《ごと》く、先生にそのまますなおによりかかり、抱《いだ》かれればよいのであります。先生は来る者は拒《こば》まず、去る者を追わずであります。とにかく、先生にすべてを委《まか》して寄りかかり旺《おう》盛《せい》な気魄《きはく》をまねてみることであります。

オジイチャン

先生に初めてお孫さんがお出来になり、そのかわいらしいお孫さんが片言《かたこと》まじりにおしゃべりなさるようになられた頃、先生はどんなにかこのお孫さんをお可愛《かわい》がりになられたことでしょう。しかし、〝オジイチャン〟という語が単に祖父という意味のほかに〝老爺〟という言葉の響きをもっているので、言葉の力を重んぜられる先生は、お孫さんに、

「オジイチャン」

と呼ばれることをお嫌いになって、ある日のこと、そのお孫さまに、御自分のお顔を指さされつつ、

「おかあさんのおとうさん、
おかあさんのおとうさん、
おかあさんのおとうさん、
……………………」

と、幾回《いくかい》も繰り返して教えていらっしゃったことがあります。そして、奥さまをお孫さまに呼ばせるのに、やはり、

「おかあさんのおかあさん、

おかあさんのおかあさん、

おかあさんのおかあさん、

……………………」

と教えられていました。

皆さんが祖父母になられた場合は、如何《いかが》なさいますか。先生のこの場合をちょっとばかりお考えになっただけでも大変愉快《ゆかい》なことではありませんか。しかし先生は孫が四人もおできになってからは、皆が〝オジイチャン〟と呼ぶのを、もう止めようとはせられなかった。

息子を迎える態度

私がまだ先生の随行《ずいこう》をしていた頃のことである。先生は御自分で、庭掃除や畠《はたけ》の手入れをなさった。今は野菜も豊富であるから畠の手入れの必要もないし、庭も全部植木屋まかせにしていられるが、その以前のことである。明日は巡錫《じゅんしゃく》の旅から清超先生がお帰りになられるという前日には、必ず、先生は、お山全体の庭掃除をなされたものであります。先生は常にかくの如《ごと》き敬虔《けいけん》な心構えで、息子清超先生に対していらっしゃるのであります。そして、常に息子を立てておいでになるのであります。全く素晴らしいことではありませんか。

恐らく、清超先生御自身も、御自分が旅よりお帰りになる前日には、息子が光明化運動から帰られるのだ、せめてその労をねぎらいたいという大先生の御愛念の発露から自ら庭の大掃除を実施なされていたということを気づいていらっしゃったことだと思う。大先生と清超先生とは陰《かげ》でも日向《ひなた》でも、いつも褒《ほ》め合っておられて、その睦《むつ》まじさがうかがい知られるのである。

私は、先生のこの態度が大好きであります。とにかく、すべての生活が私の手本であり、すべての人の模範であるのであります。

人間的一面

先生もやはり世間の親たちと変《かわ》りない。一人の娘恵美子様を与えるのに、一般並みに苦しみ、悩み、淋しがられたのであります。ここに、私は先生の人間的親しみを感ずるのであります。誌友《しゆう》の中には、又講師達の中には、とかく先生を神様あつかいにしたがる者がおるのであります。私は、この人情味あふるるばかりの先生が大好きなのであります。先生はこんなことを誌上に発表しておっしゃっていらっしゃいます――

「私は私の娘恵美子を完全に清超に与えたのである。私は恵美子をどんなに愛していたか、けれども私は蜜蜂が自分の巣を子供に譲って旅立ちをして、途中で雨に打たれて死んでも元の巣の所へは帰って来ないその様に、私は私の娘恵美子を清超に与えて、もう私のものでないと考えようと娘の結婚当時に決心したのであった。……私は淋しかった。私はそれに耐えた……」

私はこんな所のある先生が大好きだ。ここに先生の赤裸々《せきらら》なところがあると思うのであります。

先生も人間的愛情に耐えられて行《ゆ》かれたのであります。私もそうだ。そうして行《ゆ》こう。どんなことにも耐え忍んで行《ゆ》くことだ。そこに光明《こうみょう》の世界が、光明の世界が開けて行《ゆ》くのだ。

御旅立ち用意

自分で出来ることは何でも自分でなさるということが先生のお性格なのであります。ですから、明日はお旅立ちになられるという前日、お山に伺《うかが》いますと、先生は御自分で旅行カバンを出されて、旅行中必要な日用品やら、下着類等をお詰め合わせていらっしゃる最中であることがしばしばであります。

私はそれを見て、ああすばらしいものだ。僕《ぼく》だったら何でもかでも、一切家内にしてもらうてしまっているのにと、強く反省せしめられることが度々《たびたび》でありました。その度《たび》、先生の如《ごと》く今日から、今から自分で出来ることは自分でしようと決心し、又そう実行している一人であります。

切符は天から

先生は、旅行中に

「僕は汽車の乗車切符など一度も自分で買ったことがないんだよ。……とにかく、僕は愛の与えぱなしなんだからね。愛を与えておりさえすれば、みんなが僕に切符を買ってくれるんだね。これこそ無限供給というものだね。……」

とお話し下さいましたことがありました。

誠にその通りでありまして、先生の随行《ずいこう》をしていて、先生自ら列車の乗車切符を買われたことなど一度も見たことがありません。先生のおっしゃっておられますように、愛を与えればよい。与えよ、さらば与えられん。愛は循環の法則を利用されているのでありま す。即《すなわ》ちAに愛を与えたら、Aからのみでなく Bからでもよい。Cからでもよい、誰からでもよいから愛が返されて来るのであります。このことをよく理解しておかなければ、愛して却《かえ》って愛のために縛《しば》られて自由を失うことも生じて来るのであります。儒教の聖典『中庸《ちゅうよう》』には「喜怒哀楽《きどあいらく》これ未《いま》だ発せず、之《これ》を中《ちゅう》と謂《い》う。発して皆節《せつ》に中《あた》る之《これ》を和と言う」と示されている。愛は発して、節《せつ》に中《あた》らなければならない。型に執《とら》えられていては節《せつ》(肝心の急所)に中《あた》ることはできない。真の愛は自由であります。愛を一つの型の中に押しこめてしまってはならないのです。愛は無相にして無限相にまで展開する。それは四無量心《しむりょうしん》であり、時には慈《じ》、時には悲《ひ》、時には喜《き》、時には捨《しゃ》――無限の相《すがた》の愛のあることを知得《ちとく》しなければならないのであります。

任せっぱなし

先生は一度任せたら、任せっ放しの心の持ち主であり、一度信用したら、たとい、それが現象的悪人の類かぶり式であろうとも、とことんまで信用なさるのであります。吾々《われわれ》もこれくらい人を信用し、事を任せられたら、どんなにか取越苦労《とりこしくろう》やら持越苦労《もちこしくろう》やらの二つの苦労が解消されてしまうのにと思うのであります。

飛田給にある生長の家練成道場も、一度徳久克己氏に一任してしまわれれば、それがどうなろうとも一言もそのことについておっしゃられないのであります。これこそ先生のすばらしさであり、そして先生のためにこそ全身を全霊を捧《ささ》げ奉《まつ》らんとする士が続出して来る所以《ゆえん》であると思うのであります。

とにかく、先生のすべての生活がみんな生きている教科書、教訓と同様であります。

解答二相《そう》

先生がお留守の時、来翰《らいかん》を整理なされる奥様から、こんなお話しを伺《うかが》ったことがある。――

「先生は本当に深切《しんせつ》で愛の深い方ですから、誰かに質問されますと、それはそれは深切に噛《か》んでふくませてやるように御回答なさるのですのよ」

その徹悃深切《てっこんしんせつ》な回答ぶりは、『真理』第六巻の人生篇にもうかがわれる。しかし道場での指導などを聞いていると直截簡明《ちょくせつかんめい》で、ただ一語「神経衰弱は利己主義だ」などと言われることもある。時には徹悃深切《てっこんしんせつ》、時には直截簡明《ちょくせつかんめい》。

いかがですか。先生の御指導は好《よ》いものですね。時に応じ、所に応じ、人に応じて擒《きん》縦自在《しょうじざい》なのですね。人真似《ひとまね》しても本物ではないのです。吾々《われわれ》はそれぞれ自らの愛を出し切ればそこに神が現われて、自由自在のはたらきができるのでありましょう。

徹底的である

先生の生活は、どれもこれも、みんな徹底した生活であります。いい加減なところは一つもないのであります。一事に徹するということは、そこに神を見出《みいだ》し生きることだと言えると思うのであります。だから、吾々の生活の一コマ一コマ、一瞬一瞬が真剣勝負のあの気合で突き進まなければならないのであります。合掌《がっしょう》にしろ、祝福にしろ、神想観《しんそうかん》に

しろ、個人指導にしろ、講演にしろ、みんな隙《すき》がない。生命が燃えさかっている感じであります。即《すなわ》ち、

〝「今」の時間を貴《とうと》ばねば、生涯その人に尊ぶべき時間は来ないのである〟

の具現《ぐげん》に外《ほか》ならないと思います。全力を出して生き切ることであります。

ダンス

先生という方を、或《あ》る人は「こわい方」と、或る人は「慈愛あふれるばかりのやさしい父のような方」とも言うのであります。人間の性格には、誰でも陰陽《いんよう》、強弱の二つの性格をかねそなえているものなのであります。ですから先生の御性格にも、「こわい」と「やさしい」ところとをお持ちになっていらっしゃるのは当然すぎる程《ほど》のことであります。

一面、先生は大変にユーモアたっぷりなお方でいらっしゃいます。お山御在宅の時は、それはそれはユーモアなお性格丸出しの時がとても多く見受けられるのであります。

あるお正月のことでした。御年賀に参上した本部員と共に、お山でジェスチャー大会を

開催されたことがありました。その出し物は籤《くじ》で引きあてたものを、言葉を使わずに身振り、手振り、足振りといったもので、みんなの前で実演し、それが何であるかを、見物人にあてさせるのだったのです。先生は、〝ダンス〟を引きあてられたのであります。

さて、先生は一同の前で、それはそれは熱心にとんだり跳《は》ねたり実演なさったのでありますが、一同、ポカンとして、一体それが、何であるかを当てることがむずかしい。誰もが首をかしげている。ついに先生はヘトヘトになり、ひょろひょろになるまでダンスをさせられたことはもちろんであります。先生は到頭《とうとう》疲れはてて、畳の上に足をすべらせて転倒してしまわれました。そこでやっと、誰かが
「ダンスではございませんか」

と言われた一言で、先生の一人ダンスもやっと終幕となったことであります。この時の先生の熱演ぶりを想像してみて下さい。目に見えるようではございませんか。

ユーモアな性格、私の大好きな先生であります。こわいものにするのは、吾々《われわれ》の心の現われであります。ユーモアに富んだことは、講演中にもしばしば見受けられるではありませんか。

平凡な生活

先生のお生活は、来る日も来る日も同じことの連続であり、全く平凡な毎日でございます。他見《たけん》では、先生の御生活くらい何かと変化に富んだすばらしいものはないように思われ勝《が》ちでありますが、実際平凡そのものなのでございます。吾々《われわれ》はいつも物足りないと、何かしら生活の中に刺激を求めているのではないでしょうか？

吾々は平凡に生まれて来《き》、平凡に死んで行《ゆ》く。全く何の変《かわ》りもない。しかしそこに偉大なる人生の尊き味わいがあるのであります。吾々は平凡の味をよく噛《か》みしめてみねばなりません。平凡というものは、噛みしめれば噛みしめる程《ほど》すばらしい味がにじみ出て来る〝米の味〟〝スルメ〟の如《ごと》きものであります。

平凡の中には刺激はない。刺激を求めて行《ゆ》くということは平凡ではないのでございます。刺激というものは人間の心を麻痺《まひ》せしめる作用がございます。始めは小さな刺激で充分満足していたものが、段々とその刺激の強さが増加せねば満足できないという特異性を有するものが刺激なのでございます。刺激を求むるところに諸種のノイローゼが発生して来るのであります。現在はノイローゼが蔓延《まんえん》する時代となりつつあります。それはつまり、刺激に対する麻痺《まひ》状態を示す外何《ほか》ものでもなく、又人生の敗北を意味することでございます。

吾々《われわれ》は平凡にいて、平凡を見ない。

平凡にいて、平凡のすばらしさを知らなければならないのであります。本当の生活は平凡の中に生きているのです。平凡の尊さを知ることにより、魂《たましい》は伸び伸びと生長するのです。平凡の中にいて平凡の生活に感謝することが大切でございます。その第一人者は、先生より外《ほか》に誰もないと思うのであります。

平凡に生きることだ。

平凡の生活の中に神が生きている。

平凡は尊い。

平凡の中に真がある。

平凡の中に美しさがある。

平凡の中に善がある。
平凡の中に真の悦《よろこ》びがある。
平凡の中に神が存在する。
平凡に感謝多々。

土は正直

先生は「土」をいじることを好まれまして、お庭の手入れや果樹の手入れなどもなさいます。戦時中は、自ら百姓もなされたのであります。
先生と共に庭掃除をしている際、
先生曰《いわ》く、
「僕は土をいじることが大好きだね。
いいいいいいいいいいい、
土くらい正直なものはいないからね。
そこに行《ゆ》くと、人間はどうも正直さが足りない場合が多いからね。

土は手入れをすれば、したように、
種を蒔《ま》けば、その種の芽が自然に出て来る。

こんな正直なものはいないよ。……」

誠にも、然《しか》りであります。

先生も奥様もともに清く正しいものを常に常に求めておられるのであります。

ある日、

「こびへつらいのない世界に住みたい。

嘘《うそ》のない世界に住みたい。

清らかな、真実に満ちた所に住みたい」

とお話し下さいましたことがあります。

先生も、奥様も嘘は大嫌いなのであります。

「嘘も方便《ほうべん》」とか申しますが、嘘くらいにくたらしいものはありません。見えすいた嘘を
ぬけぬけと真《まこと》しやかに述べる人の心が恐ろしいのであります。

嘘のない、清らかな生活が送りたい。

出鱈目《でたらめ》の生活、そこに真実がない。誠がない。神の生命が生きて来ないのである。出鱈目、だらしない不規則の生活も大嫌いだ。常により正しく、より清くと祈ってやまないのであります。

愛の深さ

吉田國太郎《よしだくにたろう》講師が奇病にとりつかれた際、先生は非常なお忙しい身でありながら、この一講師を救いたいという御愛念でもって、口述《こうじゅつ》の時間を約一時間お割《さ》きになられて、この吉田講師と直接の神想観《しんそうかん》をなさるために使用なされたのであります。時間は生命であります。殊《こと》に先生にとっては大切な時間でありますのに、毎日決って午後三時より四時まで、吉田講師と神想観なされたことを想い出すと、如何《いか》に先生が愛深いかということに、唯々《ただただ》肝銘《かんめい》するのみであります。

成功の秘密

人には直感型と熟慮《じゅくりょ》型とがある。多くの成功者は直感的に想《おも》いついたことを躊躇《ちゅうちょ》せずに断行した人たちである。先生は直感型であると同時に熟慮型である。飛田給の練成道場を購入されるときでも、ただ高亀《こうかめ》博士が、「自分のもっている病院が売物に出ているのですが、五百人位《くらい》は入る講堂がある」と言われたとき、早速「その病院を買いましょう」と先生は言われたのである。その金額は一千四百万円で、その頃の金額としては途方もない金額だったし、そんな用意もないのにすぐ約束されたのだと聞いている。これが改造されて、現在の東京都調布市飛田給の生長の家練成道場になったのである。

先生の案はそのように神徠的《しんらいてき》に即刻に出て来て決断されるが、それを実行する過程の要《い》るものでは、過程や方法については実に周密《しゅうみつ》な熟慮が重ねられる。原宿にある本部会館にも、それを建てると決せられたことは瞬刻《しゅんこく》の間に決せられたのであるが、その設計等にいたっては岸田博士の案を十数回も改案していられるのである。とにかくも用意周到の熟慮があってこそ始めて、あれだけの大建築が完成出来たのであります。実行上の周到な熟慮こそ万事を成功に導く要素でございましょう。

私は、先生ほど、直感で事を定められると同時に、その実行にあたっては熟慮される方はないと思うのであります。そして、先生は世事《せじ》すべてに亙《わた》り、如何《いか》に熟慮断行の決意が大切なるかをお教え下さっているものであります。吾々《われわれ》もこの教えられた通りの生活をすなおに行《ぎょう》じてこそ、世に立つことが出来るのであります。

不平なし

浜松市で御講習なさいまして、宿の関係で、先生は浜松でお泊まりにならずに、予定を変更して夜行列車で東京へお帰りになられたことがございました。急に時間変更され、又品川駅に早朝お着きになったため、奥様はじめ本部の方達はどなたもお出迎えに来られていませんでした。しかし、先生はこの事につき、一言も不平がましいことも申されず、周囲に当《あた》るが如《ごと》き態度も見受けられませんでした。これまで先生の御帰京の際は、奥様は必ず到着駅まで先生をお出迎えにおいでになられたのでありました。この日だけは全く異例でありました。朝霧のたちこめるすがすがしい明治神宮の参道を横切って、お山へ到着したのは確か午前六時だったと思います。お山の御門の扉はまだ開かず、いくら大声を発してお山の女中さん達を呼んでも、全然聞《きこ》えないらしく誰も出て来ないのであります。私は、いつまでもこんな門外に、夜行列車でお帰りになった、お疲れの先生を立たせておいては誠に申訳《もうしわけ》ないと思いましたので、門脇《もんわき》の塀を一気にとびこえて中に入り、中側《うちがわ》より門扉《もんぴ》を開き、先生にお入り頂いたのでありました。そして、お山の玄関に立たれ、静かにベルを押されました。玄関にお立ちになっていらっしゃいます先生をご覧になった奥様のお悦《よろこ》びと驚きとは、申上《もうしあ》げるまでもないことでございます。

「まあ、お父さんお帰りなさいませ……」

「かあさん、ただいまっー　今ね、栗原君が塀をとびこえたのには驚いたよ。あの塀をとびこえたのは全く栗原君だけだね……」

とお話しなさるではありませんか。全くあの時のことを思うとゾッ、と致します。

力みなし

先生のお生活には少しも力みというものが見受けられないのであります。昔の大名の如《ごと》く上下《かみしも》をつけた姿はないのであります。上下《かみしも》をつけ、肩をいからせた生活をしていると、つまらぬ労力を自ずと消耗《しょうもう》して行《ゆ》くばかりであります。日常茶飯事そのままの生活をしたとき、伸び伸びとした生命が生きて来るのであります。先生のみ心の中には全くかくの如き無駄な力みがないのであります。御法話をなされる場合にしても、全く力みなどなくさらりとした感じがするのであります。平常平凡の生活そのものが先生のお生活なのであります。だから、説教をする時の心構えとしてこうおっしゃっておられます。――

叱《しか》るべからず、諄々《じゅんじゅん》と説きさとすべし。興奮して叱っては、よいことを言っても、相手は魂《たましい》をとじて、そのよいところを受けいれてくれないのである。

雷の前には万人ことごとく心をとざし、耳をとざして、それを避けようとするものである。ほがらかに日光の照るところでは、禽《とり》けものも羽をのばし、翼をひろげて、快く光を吸収する。そのような心をもってすれば、こちらの言いたいことを充分受け入れてくれて言い甲斐《がい》もあるのである。あまり諄々《じゅんじゅん》と説き過ぎれば、却《かえ》ってうるさく感じられて受容れられないであろう。あまり甘きものはたくさんはたべられず、あまりに辛《から》きものも、たくさんたべられない。説いて淡々たるべし。

ツギの下着類

先生の生活は無駄のない生活、すべてのものの生命を最後まで御利用になる生活であります。一例をあげて見ますと、一宗《いっしゅう》の祖《そ》と言われます先生は、本当に何不自由ない生活を送っていらっしゃるのでございます。ですから、シャツ、靴下等の下着類に及《およ》んでは、少しでもボロになれば、どしどし取り更《か》えてお払い下げになるであろうと考えられるのでありますが、実際は、シャツが綻《ほころ》びればツギをあてて着ていられるのであります。又、靴下に穴が開けば、必ずツギをして修繕《しゅうぜん》なさいまして履《は》かれるのであります。

ある時、新しく来たばかりの女中さんが、お洗濯ものを片づけながら、先生のパンツにツギのあててあるのを見て、これは雑巾《ぞうきん》にでもなさるのだろうと勝手に考えて、そのパンツをとり除いておいたのでした。ところが先生が、ツギのあたった温かいパンツはどうしたのかときかれ、「あれは僕の大事なパンツだよ」と先生がおっしゃったので、女中さんが大変恐縮《きょうしゅく》してしまいました。

これで、先生が如何《いか》に物を大切になされるかということが、よくおわかりになると思うのであります。もう一度吾々《われわれ》は自分達の日常生活をふりかえってみて、考え直し見直してみる必要がここにあるのであります。

衣類ばかりでなくすべてのものを、最後までものの生命を生かすことを常に忘れないように心得ねばならないのであります。

最高のものを求めよ

四国へお供した時特に注意を喚起《かんき》させられたことは、先生が、

「一番上等なもの、

一番立派なもの、
一番いいもの、
一番美しいもの、
一番すばらしいもの、
…………」

とおっしゃられることでありました。

全くすばらしいことではありませんか。何でも一番よいものを先生は常にお求めになっておられるのであります。先生のお生活の中にはいい加減なものは絶対にないのであります。

生長の家を始められた頃は、まだ現在の如《ごと》き裕福なお生活ではなかったのでありますが、先生はどんな物をお買いになる場合でも、少しは無理してでも一番よいものをお求めになられたそうであります。

口癖《くちぐせ》のように、「最高、最勝《さいしょう》」と言っておられますと、必ずその念と言葉の力で、「最高、最勝」を引き寄せて来るのであります。

吾々《われわれ》はともすればいい加減に、しかも無意識の中《うち》に日を重ねていはしないでしょうか。最高のものを望めと教えられた今から、吾々はこの先生のお生活を見習って、神の子として最高の生活をのぞみかつ行《ぎょう》じましょう。そしてつまらない、いい加減なことに終《おわ》らないように心掛けることが緊要《きんよう》であります。常に「一番よいもの」を求めることであります。「求めよさらば与えられん」と言われています。最高のものを常に心に描き求めることであります。

谷口髪型

先生はずっと前には理髪店で整髪なされておられたのでありますが、理髪店では大変待たされて、大切な時間を空費することが多かったのであります。時間を有効に御利用し生かされんがために、後にお家で、しかも奥様に整髪しておもらいになることになったのだそうであります。

いわゆる

「谷口髪型」

がここに出現して来た所以《ゆえん》であります。

あの髪型は先生の頭の格好《かっこう》に非常に釣り合った型であります。自分の尊敬する人と何か一つになりたい願いが誰にもあるものであります。そこで吾々《われわれ》は先生と同じようになりたい、何か同じものを身につけたいと願わざるを得ないのであります。そこで誰ともなく先生の髪の型を真似《まね》るのであります。

誰がこの髪型を真似ても、谷口先生のように調和した、品位のそなわった人はいないのであります。真似る以上は真似ただけの価値しかないのであります。創造の美というものは現れて来ないのであります。しかし、先生の髪型はたしかに、時間的にも費用の点でも経済的であります。

自分のことは自分で

自分のことは自分でする。

吾々《われわれ》が小学校の頃、修身《しゅうしん》というものがあって、「自分のことは自分でせよ」とよく教えられたものであります。これが中々やさしいことでありながら出来難《できがた》く、殊《こと》に生活にゆとりが出来たり年が増す毎《ごと》に、自分のことを人にさせることが何か優越感とでもいうべきものに変《かわ》るのであります。ところが先生はちゃんと実行なさっておられる。全く先生は「自分でできることは自分でなさる」ということで、洋服、和服等々の出し入れは奥様の手をお借りにならないで、みんな御自分でなさるのであります。外出先からお帰りになって、お召《め》しかえをなさる。そしてあまり汚《よご》れておらない時は、ちゃんと御自分で着物や袴《はかま》までもたたんでおかれるのであります。女中さんも大勢いて、もちろん奥様もおられる先生が必ず御自分の手でなさる。教えの祖と言われ、百万の信徒を有《も》つ先生が、先《ま》ずこの通りのお生活をなされていらっしゃるのであります。もちろん、旅先に於《お》いても、この通りのお生活ぶりでいらっしゃいます。しかし、旅行中は、信徒の御愛念によっておまかせになることもあります。相手の愛念をお受けになるために、人の好意を無にしないようにいつもお心にかけられているのであります。一体、吾々は如何《いかが》でありましょうか。恥《はずか》しいことながら、家にいては何から何まで妻にしてもらっている場合がありはしないでしょうか。妻を酷使《こくし》している場合はないでしょうか。もしもあるようでしたら、今からそんな悪癖《あくへき》をなくし、妻をいたわるようにすべきであります。とにかく、自分でできることは自分でして妻をいたわりましょう。

寒がりや

先生は大変寒がりやでいらっしゃいます。少し涼しくなると、夏でも肌シャツをお重ねになることがあります。又、こんな時にと思うような時に足袋《たび》をおはきになられることもあります。先生の皮膚は温度に対して非常に鋭敏なのでございます。少し寒くても、このくらいと思って我慢をすることが多いので、一般の人達は風邪《かぜ》をひいたりするのでありましょう。先生の生活には無理がないのであります。寒ければ寒いでスーッと厚着をなさり、暑ければ暑いでこれ又スーッと薄着をなさるのであります。吾々《われわれ》も先生の如《ごと》く、スーッとすべてのものの中に入って行《ゆ》けるだけの心境になりたいものであります。この場合、先生は他に迷惑をかけるような、気分を害するようなことは絶対になさらないのであります。たとえてみると、暑いからといって、人前でパンツ一つになるようなことはなさらないのであります。しまるべきところは必ずしまっていられるのであります。

手相

先生のすばらしい手相を知っておられますか。先生の現在の手掌《てのひら》には、運命線、太陽線等……縦に貫く筋が三本もあるのであります。ところが、ズーッと以前には、こんな筋（線）はなく、手掌《てのひら》一面に漣《さざなみ》の如《ごと》き横筋《よこすじ》の小さいのがあったとのことであります。それが生長の家の真理を発見され、神想観《しんそうかん》を常に怠《おこた》らずなさるようになりますと、心が神に上昇するものですから手掌《てのひら》にも上昇線がたくさんでき、運命も上昇するようになったということです。先生は「『常に手に汗する』ような恐怖の感じをいだいていたり、拳《こぶし》を固めて、人を叩きつけるような悩みや怒《いか》りの感じをいだいていると、拳をにぎったときに掌《てのひら》が横に折りたたまれるから、横筋が多くなる。神に心が向《むか》えば、心が縦に上方に向うから、縦の手の筋がふえる。運命も手の筋も同時に心の具象化だから、互いに連関性がある」と仰《おっしゃ》ったことがあります。心に思った通りになる世界でありますね。吾々《われわれ》も毎日この心掛《こころがけ》を実践して縦筋《たてすじ》を造り、自分の運命を好転せしめようではありませんか。

湯上がり

先生は入浴前、大抵《たいてい》、お茶かお湯を一杯おあがりになります。そしてユックリお風呂《ふろ》をお召《め》しになって出来るだけ汗をお出しになります。一種の発汗健康法で、血液の浄化法とも言うべきでしょうか。湯からお上《あが》りになってからもしばらくは、湯上がりタオルを身体《からだ》に巻いて、その上に着物を羽織《はお》って体の汗をタオルに充分吸いとらせてしまわれるのであります。湯上がりタオルの代《かわ》りに浴衣《ゆかた》を代用されることもあります。入浴後汗をよく出してしまえば、その後あまり汗をかかず、爽快《そうかい》な気分になれるのであります。生活が科学的であります。これなどは生理学的見地から見ても、全身表皮細胞はもちろんのこと、全ての細胞に生気を吹き込むことになるのではないでしょうか。

一度お試しになってみませんか。

入浴後のこの汗とり方法が、先生の健康の基礎になって、又、若々しさの根源になっているのではないかとも思うのであります。

“べんとう”箱

東京から大阪まで、先生の随行《ずいこう》を致した時のことであります。終戦後間もない頃でありましたから、食糧事情が悪かったため、先生は、お弁当箱で昼食を携行《けいこう》なされたのでありますが、それがなんと何かの祝いに利用された折詰の箱の再用でありますが、私は、この空になったお弁当箱――を一体どうなさるのかなと思っておりますと、先生は、この再用の空箱を私に渡して

「これをお山に届けて下さい」

とおっしゃったのでありました。再用を更《さら》に再再用なさるお心だとうかがいました。

皆さんならば、如何《いかが》なさいますか。

恐らく捨ててしまわれるのではありますまいか。もっとも、これは、弁当の折箱も中々

手に入らない時のことであります。先生は決してケチではありません。時と場所と人とに応じて又別のあらわれ方をなさいます。

冥福《めいふく》を祈念す

先生はお泊りになった家の仏壇や祖霊の祭壇が目につくと御先祖霊に対して、深い深い祈りをなされるのであります。毎日引続《ひきつづ》きの講演で喉《のど》が痛んでいらっしゃるときには誦《ず》経《きょう》はなさいませんが、幸《さいわ》い前日が旅行日で講演がないので、喉がくたびれていないときには聖経『甘露《かんろ》の法雨《ほうう》』を霊前で読誦《とくじゅ》なされます。さて、吾々《われわれ》はどうでありましょうか。これは生長の家の講師方のみならうべき善行《ぜんこう》だと存じます。とにかく霊魂の冥福を祈念されるその敬虔《けいけん》さを真似《まね》なければならない。

〝メモ〟のこと

私が随行者《ずいこうしゃ》であったころ、先生は旅行中絶えず、メモをなされていらっしゃいました。神からのインスピレーションを受けてのことでございましょう。

誰でも思いついたことは、その時、その場で直《す》ぐに書きとめて置かねば、いざというときにド忘れして、憶《おも》い出せないことがあるものであります。ですから、常に、メモを携行《けいこう》している必要があるのであります。

テープレコーダーを随行者《ずいこうしゃ》が携行するようになってからは、先生はメモをしないで、その方にまかせておられます。先生は科学利用もおろそかにはなさいません。常に進歩的であられます。

公私の別は明らかに

先生御夫妻は、公私の別をはっきりなされる御性格の持主《もちぬし》でいらっしゃいます。

一例を申せば、

奥様が先生をお呼びになる場合、

公的には――先生
私的には――お父さん、おぢいちゃん
先生が奥様をお呼びになる場合、
公的には――白鳩会総裁(文書では)
家内(座談や講話では)
私的には――かあさん
であります。
とかく、吾々《われわれ》は公私混同して何が何だかわからないようなものにしてしまうものであります。公私の別を明らかにするということは、上下のわきまえをはっきりすること、幹は幹、根は根とはっきりすることであって、主客転倒《しゅかくてんどう》を意味するものではないと思うのであります。世人《せじん》には、自他一体《じたいったい》などと都合のよいことを言って、私用に公用の便箋《びんせん》を使ったり、一事的便宜《べんぎ》で公金を流用するが如《ごと》き間違った人生航路の進み方をなさる人もあるのでありますます。しかし、終局には、公私の別をはっきりなさる方《かた》の方《ほう》が世に出ていると言えると考える次第であります。吾々は一体どちらでありましょうか。反省してみましょう。

〝ためくみ〟

誰でも、びっくりすること。

お山へ、先生のお宅を訪問し、玄関を上《あが》った脇の便所で、用便をなさったことのある方はここの所をよく読んで下さい。

お山では、四、五年前（昭和三十年頃）までは、東京都の衛生夫が、お山の坂道を肥槽《こえたご》をかついで上《あが》り降《お》りするのをきらって、極《ご》わずか汲《く》み残しながら全部汲み終ったと言って去ってしまうので、便所の溜《た》め汲《く》みは、先生自らなされていらっしゃったのであります。そしてそれをお山の樹木の幹から二メートルくらいはなれたところへ円環状にスコップで溝《みぞ》を掘り、肥料として埋めておられました。

「先生がそんな馬鹿《ばか》なことが……」と考えられるかも知れませんが、それでも、このこと――溜《た》め汲《く》み――は事実なのであります。吾々《われわれ》が訪問して座談でもしてその帰りに放出した小便溜めを、知らない中《うち》に先生がちゃんと掃除して下さっていらっしゃったのであります。誠に申訳《もうしわけ》ないことであります。これこそ吾々《われわれ》の手本となすべきことであると思うのであります。昔、キリストは弟子の足を洗って下さったと言われていますが、吾《われ》らの谷口（雅春）先生は、弟子の小便溜めを清浄化されていらっしゃったのであります。どんなことでもみんな御自分でなさるこのすばらしい先生の生活を忘れてはなりません。今はあまりに御多忙になったのと、先生がなさるのを見ると却《かえ》って周囲の人が恐縮するのと、最近では東京都の衛生夫がヴァキューム装置の吸入管で、吸い上げて汚物を運ぶ装置が出来たので、東京都の衛生夫も坂道を上下する不便もなくなったので、御自分で溜《た》め汲《く》みはなさいませんが、人の迷惑がる間は人のいやがることを自分でなさったそのお心は、私たちのもって範《はん》とすべきものだと思います。

生命を生きる

先生が、もの
を大事に、大切になさることも大《たい》したものでございます。或《あ》る日、本部で新しい机やら、お盆を買い入れた時のことであります。

その新しい現物を、本部へ見においでになった先生は、奉仕員の若い女の方が、熱い茶をつがれた茶碗と急須とを、その新しいニス塗《ぬ》り机の上に置こうとした時、それをさしとめられて、

「君、そんな熱いものをニスで塗装してある机の上においたら、机に茶碗のアトがついて傷《いた》んでしまうじゃないかね……」

と御注意なされたことがありました。

それにしても、常に人を、物を、事を愛する真理を教えられている人々がこの愛行《あいぎょう》が実践できていないということは、たった一つのこの行いによって明らかにされてしまうのであります。

吾々《われわれ》は、常にしっかりとして、愛行《あいぎょう》を万遍《まんべん》なく行《ゆ》き渡らせるが如《ごと》く注意致さねばならないのでございます。

この忠告と同じことは、どこの会社などでもよく見受けられることでありますが、新しいお盆に、惜《お》し気《げ》なく茶碗の跡がつけられていることがあります。こんな状態を見ますと、女性(男性のボーイも中にはいます)がもう少し注意――愛念《あいねん》をおこす――をしてくれ

さえしたならなあと、思わずにおれないのであります。

口先だけ、頭の中だけの愛であってはならないのであります。「行《ぎょう》」を伴う「愛」でなければならないのであります。

なるべく人様の厄介《やっかい》を省くために

汽車の旅行はどうしても、煤煙《ばいえん》で着物が汚《よご》れ易《やす》いものである。そして汚《よご》れるのは当り前だと思っている人がすべてではないでしょうか。汚《よご》れないように少しでも注意していると いう人は極《ご》く少ないことでありましょう。

終戦前、先生は日本人として日本独特の文化を尊重せられる意味から和服を非常に愛好して常に和服の袴羽織《はかまはおり》で講習会へも行っておられたのですが、昭和十八年ハルビンの講習会のとき、その次の講習会場が大連《だいれん》でありましたが、大連の講習会の当日がちょうど防空演習の日で、その日は「国民服」と称する詰襟《つめえり》の洋服を着なければ通行止《つうこうどめ》となって講習会場へ行《ゆ》くことができないので、誌友《しゆう》の洋服屋さんにハルビンの講習期間の三日間に「国民服」をつくってもらって、それをお召《め》しになって大連《だいれん》の講習会場に臨《のぞ》まれたのであります。それ以来、戦争中及《およ》び戦後の日本内地の汽車は、米軍の爆撃や炎上で車体は減り、軍用に徴用《ちょうよう》され、普通の人は列車に乗るには、窓から昇《のぼ》り降《お》りしなければ、列車内の通路は乗客で山をなしているようになりましたので、和服では窓から飛乗《とびの》り飛降《とびお》りが不便なので、爾来《じらい》ズッと洋服をお召《め》しになっていられたのであります。洋服をお召《め》しになると、洋服の素地《きじ》は和服よりも汚《よご》れが少ないし、旅先でハンガーに掛けるだけで、畳《たた》む手間が要《い》らない。和服はその手入《ていれ》や畳《たた》み方に人に迷惑をかけるし、戦後は袴《はかま》の畳《たた》み方を知らない方が多いので、好《い》い加減に誤魔化《ごまか》して畳《たた》んでおくと変な〝折り癖《ぐせ》〟がつくので、畳《たた》んだ人に恥をかかせないように、その人が去ってから夜分ひそかに袴を御自分で畳《たた》み直されて素知らぬ顔をしていられることもありました。先生は人の手を借りる事をお好きにならない。「人の手を借りることは、それだけ、私用のことで人に厄介をかけることになる」というようなお考えで、私が随行《ずいこう》していた頃には旅館についても、旅館の女中が「汚《よご》れたシャツがあればお出し下さい。お洗い致します」と言っても、旅館で洗わせれば、講習会開催地の費用負担を増すというので、滅多《めった》にお出しにならない。ワイシャツの汚《よご》れは、カラーとカフスだけで胴の部分はほとんどよごれないから、ワイシャツのカラーとカフスが見苦しくならないように注意せられていたのであります。それではどうして襟《えり》や袖口《そでぐち》が汚《よご》れないようにしておられたかと言えば、カラーとカフスの取外《とりはずし》の出来るワイシャツを特に洋服屋さんにあつらえてお召《め》しになっていらっしゃったのであります。

皆さん、如何《いか》に先生が細心に人々に対して御愛念のこもった処置をしておられたかがわかるのであります。吾々《われわれ》も反省してみることです。自分が、如何に人のため世のためになっているかを。他に迷惑をかけていないかを。

愛の権化《ごんげ》

『生命の實相《せいめいのじっそう》』によく出てくる有名人で今は亡くなられた栗原保介《くりはらやすすけ》氏が、生長の家を離れて行《ゆ》こうとした時のこと。彼を大変に愛していらっしゃった先生は、あれやこれやと、手を変え、品を変え、口をつくし、誠心《まごころ》を傾けて彼が生長の家にとどまるようにお引止《ひきと》めになられたのであります。しかし、残念にも遂に彼は生長の家を辞《や》めて行《ゆ》かれたのでありました。栗原《くりはら》氏が『甘露《かんろ》の法雨《ほうう》』の経本《きょうほん》を大阪で印刷して本部以外から売出《うりだ》されたが、その製本が不良でたくさんの残本ができて弱っていたとき、先生は彼のために、御自分の大切な時間をお割《さ》きになられて、八百枚にも及《およ》ぶ「生長の家大神」のお守りをお書きになって、この「お守り」をその経本につけて頒布《はんぷ》すれば、信者が喜んで買うから栗原氏がたすかるであろうとて、それを夜を徹して書いて彼に送られたのでありました。

当時、お山で毎日、先生のお仕事のお手伝いをしていた私は、半紙に「生長の家大神」と先生が謹書《きんしょ》されたものに、「実相」と「雅春」の印をおさせて頂いていたのであります。私は、一体、こんなにたくさんの「生長の家大神」のお守りをどうなさるのかと不思議に思っていたのであります。全部お書き上げになり、それをおとじになられたものの上に、一枚の書面をつけられたのであります。これには彼が真に幸福になられるように思念した愛の言葉が書かれているのでありました。このすばらしいお守りが保介《やすすけ》氏の元に送り届けられた時、ちょうど栗原氏の長男が不明の熱を出して苦しんでおられたのだそうでありますが、先生から頂いたこの八百枚の生長の家大神のお守りを、試みに栗原氏がその子供の枕の下に入れてやると、それこそ忽然《こつねん》としてその高熱が消えてしまったと栗原氏自身が言われました。

このことについても、如何《いか》に先生が愛の権化《ごんげ》であるかということがわかるのでありま す。愛ほど強いものはない。愛でもってすべての人をいたわらねばならない。愛!! 愛!! 愛!!

早朝神想観《しんそうかん》はどこで

お山で、先生が午前五時十分より早朝神想観をなさる場所をご存じですか? 誰でも、恐らく考えつき難《にく》いことでしょう?

或《あるい》は布団《ふとん》の上で、或《あるい》は実相《じっそう》の間《ま》で、或《あるい》はお部屋で……といろいろの所が考えられるでありましょう。先生がお山で朝の神想観をなさる所は、お山の風呂場の風呂蓋《ふろぶた》の上でございます。というのは、それ以外の場所では、盛んにお掃除が行われているので、本当のところ、長時間静坐する所もありませんのです。朝の風呂場だけは静かな所で神想観好適所というわけでございますね。話は横道にそれますが、お山では早朝の作務《さむ》即《すなわ》ち勤行《ごんぎょう》であり、動的神想観《しんそうかん》であります。ハタキをかけながら「有《あ》りがとうございます」雑巾《ぞうきん》掛《が》けしながら「有《あ》りがとうございます」であります。神想観を合掌静坐《がっしょうせいざ》の形ばかりのものと思ってはなりません。一行《いちぎょう》に澄み切って神と一体になる作務《さむ》がお山の動的神想観であります。午前五時十分よりの神想観は大先生及《およ》び若先生以外には奥さまも女中さんたちもなさっていないのであります。お山へ女中に行《ゆ》けば、毎朝形式的な神想観も教えられ、直接の講義も拝聴できるだろうと期待している方には、全く期待はずれのことであります。或《あ》る先入主的期待をもってお山へ往《い》って、がっかりなさる女中さんも多いとかお話を伺《うかが》っています。仕事そのもの、作務そのものが神想観になり切るには、余程《よほど》の理解と修行とが必要であります。午後八時半からは各自の部屋で、皆々同時に三十分間神想観をし、世界平和のために祈っておられます。

一日を幸福に導く最短距離は動静の二境がともに神想観となって、常に神の方へ自分の心がふりむいていることであります。如何《いか》なることが起《おこ》っても一日を祈りに始まり、祈りに終らしめたいものでございますね。

地下鉄恐怖症

昭和二十三年一月の正月講習会の最終日。終講後、徒歩でお帰りになられます先生ご夫妻のおともをしつつ、乃木坂から青山一丁目までまいりました時のことでありました。先生は青山一丁目から都電におのりになられましたので私どもは、先生におわかれして地下鉄の入口の方へ歩み出した時であります。

「栗原さん、栗原さん、ちょっと、ちょっと……」

とお呼びになりましたのです。私は呼び返されましたので、先生の下《もと》まで跳《と》んで行き、

「先生、何か御用?……」

とおたずね致しますと、

「栗原さん、あなたに飛田給の生長の家産院へ来てもらいたいのだが……」とおっしゃられたのでありました。

私はこのお言葉を夢まぼろしの如《ごと》く拝聴したのであります。

「はい、ありがとうございます……」

と感謝し、お言葉を拝受してしまったのであります。こんなわけで、私は現在の飛田給練成道場の前身である生長の家産院へ参るようになったのであります。誠にうれしい記念すべき日であります。

その時、一体先生は何故「地下鉄」を御利用にならないのか、わからなかったのでありますが、その後、先生のお供《とも》をして地方に行った場合でも、絶対に地下鉄にお乗りにならないのでありました。私は不思議でならなかったのであります。私はこう解釈したのです。即《すなわ》ち——

フロイドという精神分析学者の説によれば、「地下鉄とは……」(『人間性の解剖』参照)とあまり芳《かんば》しくない言葉で表現していますので、先生は、こんなことをお気にして地下鉄にお乗りにならないのではあるまいか。

私は、悟《さと》りが開けず、心清らかならず汚《けが》れているがために、地下鉄に乗るのかなと思うこともあります。皆さまは地下鉄のことでお考えになったことがありますか。

善相礼拝観行《ぜんそうらいはいかんぎょう》

先生の身近におりまして特に感ずることは、実相直視《じっそうじきし》、実相礼拝《らいはい》のことでございます。如何《いか》なる悪いことも必ずその善のみを直視《じきし》なされることであります。善のみを認識し、悪を否定し去ることであります。

あらゆる場合、私ならこうと思えるような場合にあっても、必ず、先生は善相観《ぜんそうかん》一点ばりで解決して行《ゆ》かれるのであります。全く、すべてのもの本来善なのでございます。吾々《われわれ》は先《ま》ずこのことを信ずることから始まらねばならないのです。徹底した信じ方でなければならないのです。そこに先生の御生活の「活《かつ》」があるのです。今、眼前にどんな悪相《あくそう》が横たわっていようとも、その現象的姿を見ず、その奥なる姿――善相《ぜんそう》――を観《かん》ずることこそ肝要《かんよう》なのであります。実相観《じっそうかん》即善相観《ぜんそうかん》即神想観《しんそうかん》であるわけです。吾々の生命がどれだけ成長したかを知る一つのバロメーターは、どれだけ、善相礼拝行《ぜんそうらいはいぎょう》が出来るかということであります。

青年よ、善相礼拝観《ぜんそうらいはいかん》に徹せよ。

諸君よ、君達の求めている道場は、中央にあるばかりではない。道場は、今、自己の置かれている「場」がそうなのである。そこでそこに於《お》いて「行《ぎょう》」を実修することである。特定の「場」——道場——だけで「善相礼拝観行《ぜんそうらいはいかんぎょう》」が出来ても、その価値は大《たい》したものではないのである。如何《いか》なる所に於いても、「善相礼拝観行」がなされる時にこそ、その価値は大いに評価されるものなのでございます。

原稿用紙

皆さん、先生が御使用になっていらっしゃる原稿用紙は、一般市販されているものとは相違しているのであります。どこが違っているのかとお考えになりましょう。紙が和紙《わがみ》であること、そして先生の原稿用紙の線は真っ直ぐでなく、ニョロニョロと曲線をなしているのでございます。先生みずからが線をひいてそれを原版《げんぱん》にとって印刷したもので、これは自然の生命の動きの美を表現しているのでございます。自然、そのままなのであります。ですから、もう一度、先生から頂いた原稿用紙を御覧になってみて下さい。おわかりになることと思います。

そのまま生くる

先生でも虫歯の痛みでお苦しみになられることがありました。

先生は、時間が大切なために、毎日お山のすぐ近くの歯科医院へ通院して治療なされていたことがありました。

悟《さと》り高き先生でさえ、医者にかかられるのであります。ですから、吾々《われわれ》が医者に診《み》てもらうことは当り前くらいのことであります。安心して医者にかかるがよいと思います。

「医者にかかるときには、その医者を、天の使いだと思い、〝今、神が天の使いをつかわして癒《い》やしたまうているのである、ありがとうございます〟と感謝して医者の治療を受けよ」と先生は仰《おお》せられます。

暴力完封

ある秋、先生のお供《とも》をして、四国の川之江《かわのえ》へ行った時のことであります。講習会第一日の午後の体験発表中、一人の酔漢《すいかん》が聴衆の後ろから、人を押しわけて、

「待った、待った、

その講演待った……」

と叫《さけ》び、よろめきながら出て来て、壇上に登り、体験発表中の青年を押しのけようとしたのであります。彼はかつて恐しい殺人罪を犯した人であったのであります。そのためか、会場はシーンと静まり返ってしまいました。あたかも嵐の前の静けさを思わせるのでありました。幹部の方が誰か出て来て彼を静めてくれまいかと期待していたのですが誰も出て行《ゆ》かないので、私は万止《ばんや》むを得ず、彼の後から壇上に登って、「話せば解ることとなんだから、今はおりて下さい。お願いします……」と言ったが、酔漢は言うことをきかないので、ひょろつく彼を無理矢理に押しもどして、昇降口の所まで行ったのであるが、そこ

で、私は彼に自分のネクタイをしめられ、じたばた大活劇を演じたのであります。みるにみかねて数名の幹部の方が、壇上へとび上がって来て、私と彼とを引きはなしてくれたのであります。ところが、彼はますます暴力を発揮して、マイクロホンをしっかり握り、何やら、演説をし始めてしまったのであります。幹部と交代した私は「これは、困ったことになった、一体どうすればよいのか」と思案にくれつつ、先生の方をみますと、先生は静かに瞑目合掌《めいもくがっしょう》、神想観《しんそうかん》をなさっておられたのであります。私はこの尊いお姿を拝した時、全身に電流が通るかのごとき、ピリピリという感じを受けたのでありました。そこで、二百有余人の聴講生の皆さんに、私からも一緒に彼のために神想観をして頂くようにお願いして、みんなそろって、それはすばらしい神想観をして、彼のために祈らせて頂いたのであります。

神想観後、先生は壇上に登り、一酔漢《すいかん》の手をしっかりと握り、

「君は立派な人だ、

君の気持はよくわかる。

君はすばらしい人だ。

………

………」

と話されますと、今まで凶暴性を思い切り発揮していた酔漢《すいかん》は、たちまち猫の如《ごと》くおとなしくなり、彼は降壇《こうだん》して、無事に法話を続けられたのであります。後できけば、彼は生長の家の御教えにより救われ、そのお礼に来るつもりでいたところ、途中で酒をのんでしまったので、御礼心《おれいごころ》の表現がとんだことになってしまったわけなのであります。

その夜、夕食後、先生から
「如何《いか》なるものも、合掌《がっしょう》に過ぐるものはないんですよ。とにかく、相手を愛の心で祈ること、そして、相手の善相《ぜんそう》を認めることです。どんな相《すがた》の現《あら》われであっても、相手を拝み切ることです……」

とお諭《さと》し頂いたのであります。

合掌こそ無敵だ。

すばらしい愛の合掌。

合掌する姿が仏であり、神である。

合掌《がっしょう》する中に神（仏）が存在する。
合掌は強い。
合掌には無限の強さがある。
神は愛なり。

先生と病気

先生は蒲柳《ほりゅう》（虚弱）の体質である。大抵《たいてい》十一貫五百匁《め》くらいの体重が平均的につづいている。それでいてあれだけの多忙なお仕事を一日も休まないでつづけていられるのは不思議なくらいである。しかし現象世界で生活するために、肉体の革袋《かわぶくろ》をもっていらっしゃることだから先生も又、一般の人と同じように病気せられることもある。御自分でも書いておられたが医師が「ビールス性肺炎の兆候《ちょうこう》があるから、三日だけ講習日程を変更して、講師を誰かに代ってもらいになったら」と言っても、「多勢《おおぜい》の人の期待を裏切って失望させてはならない」と言って押し切って旅行に出られた。そして、それ切り肺炎にもならずに治ってしまったのである。先生は単に蒲柳《ほりゅう》の体質だけではなく、易感性《いかんせい》なデリケートな心性《しんしょう》をもっておられる上に、病気の人が先生の名を唱《とな》えて自分の病気を治してもらいたいと念ずるものだから、その病念を受信して、その病念を浄化し切るまで肉体的に苦しまれたり、発病的状態になることも多いのである。『維摩経《ゆいまきょう》』にある「衆生病《しゅじょうや》む」が故《ゆえ》にわれ病む」である。そのような不利な状態にありながら一日も休まれないのは、毎日の神想観《しんそうかん》によって、感受した病念を浄化なさるからである。

あるとき、関西方面の御巡錫《ごじゅんしゃく》中に、畏《おそ》れおおいことながらデキモノが臀部《でんぶ》にお出来になり、日夜、先生はこのもののためにお苦しみになり、私が医師であるものだから、旅行先より、次の如《ごと》きお手紙を頂いて、直ちに全部の用意を整えて、先生の許《もと》に急行せんとするその出発間際に、先生から電報でその出発を中止するよう命ぜられたのでありました。この中止した原因を後でお聞きしますと、一心に神想観により病念を浄化せられると、自然と排膿《はいのう》して、事なきを得たのだそうであります。

「拝啓、

小生旅行中、臀部に腫物《しゅもつ》生じ、口をひらきたるも、腫脹《しゅちょう》減退せず、正坐に困難を感じおり、乗物《のりもの》にも差支《さしつか》えおり候《そうろう》間《あいだ》、誠に申《もうし》兼《かね》候《そうら》えども、ズルフォン剤又はペニシリン剤の注射薬及《およ》び注射道具御携帯、分量、注射方法等、御調査の上、至急次なる会場まで御急行願い度《た》し、本旅行の後半は、貴下《きか》に御随行《ごずいこう》お願い申上《もうしあげ》候《そうろう》。

苦痛のため、神想観の正坐出来ず寝床のまま祈って目覚めたるとき、急にこのことを思いつき候《そうろう》ゆえ、神様の祈りにこたうるアンサーかと存じ候《そうろう》、右お願い申上《もうしあげ》候《そうろう》。

栗原得二様」

谷口雅春先生は次のように述べておられる。

「神癒《しんゆ》と謂《い》うものの前には、薬剤も、電気療法も、体操も――色々の健康法も、神(心)の前には愚かなるものである。しかし病念を浄《きよ》め終らない限り、その具象化である肉体現象を応急的に一時的に処理するためには、物質界の法則に従って医療を受けるのも薬剤を使用するのも良いことである。生長の家は決して医療や薬剤を排斥するところではないのである。但《ただ》し、根元を霊的に浄めて医療の必要を最少度に減ずるのである。『物質、物質にあらず、これを物質と謂《い》う』拝んで使えば、その内在の霊的力を発揮することができるのである。みだりに科学を排斥してはならない。人時所《じんじしょ》の三相応《そうおう》に従って適時、適所、適人に使うことが、自在無礙《じざいむげ》を獲得した真人《しんじん》の生活である。しかし『医療を受けてもよい』と云《い》う語《ことば》にたより過ぎて、杖を常につく人が健脚《けんきゃく》になれないような愚《ぐ》を学んではならない」

時間割り

一般の勤労者の休日というものは、のんびりと朝寝坊から始まって、全く出鱈目《でたらめ》の一日に終ってしまうものであります。ところが、先生の一日はどの一日を見ても、みんな、学校の時間割の如《ごと》く規則正しい生活様式なのであります。即《すなわ》ち、私が先生の近侍《きんじ》として先生の御口《ごこうじゅつ》述の筆記に奉仕していた頃は、先生の日課は、

午前八時始業（筆記のために御口述）

正午昼食

午後一時始業（筆記のために御口述）

午後四時又は五時終業

というものでありました。

もちろん、正午の御昼食は女中さんが
「お食事の用意が出来ました」

と言うて来るまでは、みっちりと時間超過でも口述《こうじゅつ》なさるのであります。

かくの如《ごと》き、規律正しい生活の中に、すばらしい神の導きが伏在《ふくざい》するのでありましょう。

責任観念旺盛《おうせい》

すべての点について、先生の責任観念の強さには驚く次第であります。終戦後、先生は、

「世界戦争が生じたのは、自分の愛が不足していたからである」

と述懐《じゅっかい》していらっしゃるのであります。先生は絶対に言い訳はなさらないのであります。

どんなことでも、必ず責任を負われるのであります。これに反して、吾々《われわれ》は自分の責任で

あるのに、何だかだと言い逃れしたくなるのは、誠にも恥ずかしいことでございます。常に反省して、尊師に見ならうべきであります。

毒を含まず

先生のお言葉の中には、どんな場合でも、人を害するような、とげとげしい何ものもないのであります。さっぱりした雰囲気《ふんいき》とでも申しましょうか、とにかくやわらかい感じのするお言葉であり、又お言葉遣《づか》いでございます。

常に先生は心に毒を含むなとおっしゃっていられるのであります。即《すなわ》ち——

「肉体が物質的な毒を服《の》んだら、それを中和する反対性質の解毒剤《げどくざい》をのますのに、心が毒をもったとき、それを中和する中和剤を用いないのはおかしい。心が毒をもつというのは通俗語にも『毒々しい心』と言い、『言葉に毒を含む』と言う。悪意を有《も》つこと、腹立つ心、相手を傷つける心などは心に起《おこ》る毒である。それが言葉にあらわれれば『毒々しい言葉』となる。通俗語は馬鹿《ばか》に出来ない。その無意識の表現の中に、その精神内容がふくまれていることは精神分析の研究からもわかる。人を傷つけようと思ってはならない。その心はまず自分を傷つける。敵を心に思い浮《うか》べてはならない。敵を思うだけでも、心に憤激《ふんげき》や恐怖や焦《いら》だちの感じが起《おこ》る。毒を含んだ心は血液の中に毒素を造る。肉体は心の影である」やわらかい、ものを育てるような言葉遣いを練習することだ。練習を重ねれば出来ることだ。今から直ちに実践だ。

迷惑をかけない

京都で、故石川貞子《ていこ》女史のお宅に泊めていただいた時のことであります。この夜、初めて、先生の隣室で寝させて頂いたのであります。寝しなに、明朝、先生が洗面所に行かれている間に、先生のお部屋を片付けねばならぬがと思いながら休みました。さて、翌朝、目を覚ましてみると、先生のお部屋には、もう灯《あか》りがともっているではありませんか。襖《ふすま》の隙間《すきま》から、先生の御様子を窺《うかが》うと、先生は一心に原稿をお書きになっていらっしゃるのであります。私は自分の寝床をそうっとたたんで、身支度《みじたく》をしてから、先生の立たれるのを、今か今かと待っていたのです。ところが、いつまで経っても、先生はお立ちになられる様子がないのであります。それ故《ゆえ》、失礼とは思いながら、ついつい又隙見《すきみ》をしてみますと、何と驚いたことに、先生のふとんはきれいに畳《たた》まれ片付いているのであります。先生はガタガタして相手を目覚めさせてはならないという深い深い御愛念から、カタリとも音を立てずにすべてのことをなされてしまうのであります。とにかく、相手に迷惑のかからないよう、かからないようにと行動せられているのであります。吾《われ》らは、この点を大いに見習わねばならぬことであります。

すべてがネタ

新聞、雑誌等すべてが、先生の講演著述の材料となって行《ゆ》くのであります。この間など共産党の講演を渋谷公会堂でお聞きになっていらっしゃるのであります。広き見聞こそ、先生の話題豊富な原因となるのであります。

吾々《われわれ》も、出来るだけ多くのことを見たり聞いたりして、それを完全消化吸収して自分の知識とすべきであります。

未完成の絵画

書と共に絵もお描きになる先生は、

「僕の絵はいつも出来上がらないんだよ……」

とおっしゃられたことがあります。

つまり、先生の絵は未完成の絵であります。すべてのものはあまり出来過ぎていると、却《かえ》って飽きが来るということがあります。ところが、先生の絵を拝見していますと、その絵の中に、その人の心をいつまでも引きつけておく何ものかがひそんでいることを誰もが経験することだろうと思うのであります。それは、未完成の中に、何とも言えぬ美しさがあるからだと思うのであります。人間にもその未完成があります。即《すなわ》ち、青年がそれであります。青年は未完成で、野生美があります。ですから、青年を先生が愛されるのは当然のことであります。未完成の中には、これから生き抜かんというたくましい生命力が通うているのであります。吾々《われわれ》は絶えず道を求めて進まねば止《や》まぬ精神を持ち合わせているのです。これこそ、未完成の中の美しさを指導する精神ではないかと思うのであります。

未完成の絵は、明るい絵が多いものであります。

書体と人格との関係

昔の先生は非常にピリピリなされており、ちょうど剃刀《かみそり》の如《ごと》き鋭さをもっておられ、近寄り難《がた》い、一種のこわい感じがしていたと言われます。現在の先生は、優柔な、そして何でも打ち明け、頼り易《やす》い先生であるのであります。

これはよく、年とともに円満になると世間で言われる程《ほど》に、先生の人格が円熟して来たというものでありましょうか。そんなことはいずれでもよいのですが、私は先生の愛の表現法が、冷愛より暖愛へと変《かわ》って来ているからだと思うのであります。

このことが又、先生の書体の上にも大変に現れて来ていると思うのであります。最初の頃の書体は非常に「カタイ」感じのものでありますが、その「カタサ」のある書体が段々

「ヤワラカク」なって来ているのが現在のもののようであります。昔書いて頂いたものがありましたら、現在の書体と比較してみて下さい。今、私の言った通りであります。ですから、字はその人の心のあらわれであるのであります。吾々《われわれ》があまりデタラメな字を書くと、心の中を相手に見すかされてしまうということに注意すべきであります。

しりぬぐい

キリストの
〝弟子の足を洗う〟
ということは誠に有名な話でございます。

東洋のキリストとハードマン博士から尊称された谷口雅春先生は、弟子の足を洗ってやるに非《あら》ず、もっと親切であって、

「弟子の尻を拭ってやる」

のであります。

私の言う尻を拭うということは肉体の尻拭《しりぬぐ》いではないのであります。先生の弟子が先生を出し抜いて「生長の家」の美名で或《あ》る仕事を始め、途中でその仕事が順調に遂行されて行《ゆ》かなくなった場合、その事を放棄《ほうき》すれば、すばらしい「生長の家」の名にかかわるために、先生は弟子のやりかけ、つぶれかけた事業を何とか終着点まで持って行《ゆ》かれるのでございます。このよき例は、昭和二十四年の頃大阪萬成書房の件、又福岡に建築された「ゆにはビル」の一件などであります。

萬成書房の方は先生の御意志にそむいて勝手に『甘露《かんろ》の法雨《ほうう》』を復刻して出版して、紙質が悪いので売れないで困っているのを題字を先生直筆で一冊ずつ書いて売れるようにしてあげられました。「ゆには」の方は、弟子の電報の行《ゆ》きちがいで時期がずれて一時金融に行詰《ゆきづま》って、建ちかけた会館は半《なか》ばにして清水建設が工事を中止し、劇場の権利を宗教会館にするよう提供した飯尾さんも、頭金を数千万円出した生長の家本部も、途中まで工事した清水建設もみんな「三すくみ」の状態であったときに、「みんなが困るのは生長の家でない。教団債を募集して建設の資金をつくってあげよう。教団債には年八分の利子をつけると同時に応募した人には私の自筆の揮毫《きごう》を無代で差上《さしあ》げよう」と言って合計数千枚の揮毫《きごう》を毎日毎日お書きになった。教団債はこうして先生の揮毫のほしい人達によって応募されて、利子など欲しい信者はなかったが、先生は昨年末までに、教団債を約束の利子をつけて全部お返しになった。そして無料で配布された先生の揮毫が今は数千円でも手に入らないのだから、やはり神さまの御用に差出《さしだ》しておいたものには却《かえ》って出した以上のお蔭《かげ》が来るのである。そして今では、その建物が本部会館につぐ生長の家の大道場として九州全体の教務を総攬《そうらん》する役割を果《はた》しているのです。

先生とビール

酒も飲み方によっては、薬にもなれば、毒にもなるのであります。

先生は酒をおのみにならないのであります。ところが、いつか、四国へ光栄の随行《ずいこう》をさせて頂いた時、某地《ぼうち》で、先生に、日本酒をふるまわれたことがあります。その時、先生は、チョコで三杯位《くらい》召《め》し上《あ》がられると、あたかも、酒一升ものんだ人のように顔が赤くなってしまわれました。後で、先生からお話を伺《うかが》いますと、

「僕は全然酒は飲めなかったが、昭和十九年北支中支へ講習旅行に往《い》ったときに、豚肉やアヒルなどで出来た支那《しな》料理が九皿くらい次々と出て来る。御飯はないから、そればかり食べねばならぬ。オカズばかり食べているようで、口が辛《から》くなって仕方がないからサイダーを飲むと腹がジャブジャブして気持が悪い。それで支那の風習に習ってラオチューとい
う酒を飲んだのですよ。老酒と書いてラオチューと読むんですよ。これは古い酒で悪酔《わるよい》しない。それで旅行中不日《ひならず》勉強して酒の味が分かるようになった。酒も最初の二、三盃《ばい》は飲むと大変美味に感ずる。ところがそれ以上肉体に必要でないとなると、後はにがくてどうにものめない……」

と言われたことがあります。

私も、酒なら、せいぜいチョコで一、二盃のところが一番美味《おい》しく感じますが、それをすぎると、あの美味《おい》しかったものがどうしてこんな苦味に変ずるのであろうかと不思議になる程《ほど》、酒の味が変《かわ》ってしまうのであります。

夏には、先生は、お山にいらっしゃる際、進物にもって来られたビールがあると冷蔵庫に入れて冷やしたのを一瓶《ひとびん》の四分の一ほどおあがりになり、あとはゴム栓で密栓してまた

冷蔵庫にお入れになる。そして四日間かかってビール一瓶《ひとびん》を召上《めしあが》るのだとのことであります。全く、ビール一瓶を、四日間もかかって召上《めしあが》る人は先生より外《ほか》には誰もいないことでありましょう。こんなところにも先生がすべての物を「仏物《ぶつもつ》」として大切にせられる御日常が窺《うかが》われるのであります。

お茶のことども

生きている限り人間にとって水分と塩分ほど必要なものはないのであります。例えてみますと、人体の三分の二は水分だと言われていますから、如何《いか》に水が大切だかということがわかるのであります。そこで、吾々《われわれ》は常に水を必要とすること当然であります。先生も、お山にいらっしゃる時も、講演中も、お茶をたくさん召上《めしあが》るのであります。先生は大本教にいらしたとき亀岡道場で四時間もぶっ通しで全然水もお茶も召上《めしあが》らなかったので有名だったそうですが、その時分は自宅で中型の土瓶《どびん》一杯のお茶を飲んで、飲みだめをして出かけられたということです。生長の家を創《はじ》められてからも数年間は講演中一滴もお飲みにならなかったので「さすがは神様だ」と感心した人もあったということです。

しかし今は青年時代のような無理をなさいません。講習会のときなど一日、五時間もお話しになるので、次の講習会のときに声をいためていると聴衆に気の毒なので、声帯と咽喉部を潤滑《じゅんかつ》にするために、少量ずつ度々《たびたび》演壇でお茶をお飲みになります。その湯呑《ゆのみ》茶碗が時々、「貞操《ていそう》」の比喩《ひゆ》につかわれたり、即身成仏《そくしんじょうぶつ》の「即《そく》」の説明につかわれたりします。

講演中の熱いお茶は禁物であります。何故《なぜ》なら、先生はお話しに夢中になっていらっしゃるから、お茶の熱いも、ぬるいも、冷たいのもお考えにならないで、がぶりとお茶をお飲みになると咽喉《のど》を火傷《やけど》することがないとは言えないでしょう。

「先生でも火傷《やけど》するのか?」

あたりまえのことであります。神は法則である。法則にのっとればよいが、法則を破れば、その結果は明白である。つまり、熱湯《ねっとう》をのめば、又は、熱いものにさわれば火傷《やけど》するという法則にのっとるからなのであります。だから、熱い茶を、講演中の先生に差し上げてはならないのであります。

また、講演中は、特に蓋《ふたつ》付き茶碗で、お茶を差し上げることにしているようです。蓋があれば、茶碗の中へゴミが入らない。またお茶がなくなった場合、蓋《ふた》で何気なくチャリンと合図が出来る。講習会のとき先生のお茶のお給仕に出る娘さんは不思議に縁談が整うて結婚している。これは生長の家の神様は水火津霊神様《しほっちのかみさま》で水《すい》(陰《いん》)と火《か》(陽《よう》)とを津奈岐合《つなぎあ》わして宇宙の一切をつくる創造神で、人格的にあらわれましては瓊瓊杵尊《ににぎのみこと》が天降《あまくだ》りましたとき、笠沙之御前《かささのみさき》に於《お》いて瓊瓊杵尊《ににぎのみこと》を木花咲耶姫《このはなさくやひめ》のところへ連れまいらせ、龍宮の諸々《もろもろ》の宝を献上してその結婚の仲立《なかだち》をせられたのが水火津霊神様《しほっちのかみさま》だと先生は説明せられる。そして、最後に先生は、「講演会には演壇がなくてはならん。それで縁談が整うんだよ」と冗談を言って呵々《かか》とお笑いになる。先生はお茶は〝川柳《かわやなぎ》〟(番茶の上質なもの)程度の番茶を好まれるのであります。

上等なお茶を差し上げたいと思ったら、午前中に差し上げることです。先生は若いときから非常にデリケートな体質でいわば感度が鋭敏で、午後三時過ぎに、上等な茶を訪問先でおのみになると、お茶をお飲みになった事は忘れていられても夜眠られないので、「どうして今晩は眠りを催さないのか、変だな」と考えてみると、あとで「あの時いただいた茶が玉露《ぎょくろ》だった」などと気がつくという程《ほど》でした。

「郷《ごう》に入《い》っては郷《ごう》に従え」という諺《ことわざ》がある。抹茶《まっちゃ》のお点前《てまえ》でも煎茶《せんちゃ》のお点前《てまえ》でも、客を待遇するのに相手にもっとも都合のよいような相《すがた》で差し上げるのが極意《ごくい》だそうでありま す。秀吉《ひでよし》がどこか旅をして咽喉《のど》が涸《かわ》いてたまらないとき、ある家に憩《いこ》うと、その時に茶坊主《ちゃぼうず》として秀吉にお茶のお給仕を献上したのが石田三成《いしだみつなり》だったそうです。最初の一碗《いちわん》はぬるいのをたっぷり豊かに淹《い》れて出した。そしてその次の一碗はほんの少し熱いのを淹《い》れて出した。咽喉《のど》が涸《かわ》いて一度に大量に飲みたいときに熱すぎては困るのであります。あとでゆっくり味わうときには、味覚を引きしめるために濃い目のを熱くして出す。このようなのが本当の茶道《さどう》であります。石田三成は、この行《ゆ》き届いた接待振りを見込まれて秀吉に召《め》しかかえられたのだそうであります。自分が濃い茶が好きだからとて、自分の欲する通りにすると相手が迷惑することがあります。相手に迷惑をかけては、どんなにすばらしい接待でも水泡《すいほう》の如《ごと》く無駄になってしまうのであります。

茶柱

先生がまだ道場を建築なされない時分のことであります。
茶碗につがれたお茶の中に、茶柱が立っていると、必ず、その度に、
「建った、
建った、
建った、
……」
と、おっしゃりながら、大変お上手《じょうず》に、その茶柱を、左手に持ちかえた箸で、つまみ上げて、左の袂《たもと》の中へ入れられるのでありました。
皆さんも、この茶柱の縁起を御存知の方もあることでありましょう。
地方によっては、家を建築する際、棟上《むねあ》げの時に、餅《もち》をついて、棟の上から四方へ撒《ま》き散らして祝うという縁起もあります。そして、この餅を拾って食べれば必ず、自分の家が

建つのだと言われているものであります。

この餅拾《もちひろ》いと、茶柱の縁起とは、非常に似ているものではないでしょうか。

先生が、毎日、茶柱をつまみあげては、

「建った、建った、建った……」

と、お悦《よろこ》びになっていらっしゃると、その悦びの波長が全国にゆきわたり、遂に、各所に、教化部、道場が次々に建てられて行ったのであります。そして、あのすばらしい美術的建築物なる生長の家本部会館や宏大な九州福岡の〝生命斎廷《いのちのゆには》〟の大建築物などが建てられたのであります。茶柱の縁起がここに実現したのであります。茶柱に限らず、何事が起《おこ》っても、それを良いことの出現する暗示として受取《うけと》って、「既に善い事が出来た、出来た」と言葉によって祝福していると、善い事が本当に実現するのであります。

〝ごはんたき〟

先生は御自分で何でもなさる方でありますから、その昔、中学時代、五年間、自ら御飯を炊《た》いて自炊して学校へ通っておられたのだということであります。

ですから、御飯を炊くことが非常に上手《じょうず》で、一度も失敗したことがないので、女中さんが時々失敗すると不思議がられるのです。御自分が御飯の炊き方が上手であるから、他人《ひと》が失敗して炊きぞこないで出された御飯を、これはどの点に失敗の原因があると、炊飯の手順の段階を丁寧《ていねい》に教えられることがあるそうです。先生は一合位《くらい》のお米だと、土瓶を火鉢にかけてお炊きになっても決して失敗しない。それは目分量や手加減でなく、科学的に米の量と水の量とを計算して合理的にお炊きになるからだそうです。

先生も自炊をなされた。自分で何でもすることによって体験を積むことができるのである。〝ごはんたき〟など良人《おっと》のすべきものでないなどと考えてはなりません。女中のいなかった頃に、そして奥様が御病気になられたときなど先生はみずからお粥《かゆ》をおつくりになって奥様に差し上げられた。お粥のたき方はまた難しいものですが、サラリとしてしかもよく煮えているお粥を先生は上手におつくりになります。

肉食について

先生は肉食をお避けになります。

山陰のある旅館でお宿をした際のことです。その宿は、先年、今上陛下《きんじょうへいか》（昭和天皇）が御宿泊なされましたとの格式があるのであります。建築材料その他、それはそれはすばらしいものでありました。

夕食に、海の幸《さち》、山の幸、野の幸とが盛られたのでありました。あの時の、伊勢海老の珍味は、今でも忘れられないほどのものでした。そういう、大変な御馳走《ごちそう》の中に混《まじ》って「ビフテキ」があったのであります。

先生は、

「君、僕はこれ食べないから食べるかね？」

とおっしゃって、ビフテキを指さされるのであります。

「いえ、私も獣肉は食べたくありません」

とお断りしたことがあります。

かくの如《ごと》く、先生は獣肉を召上《めしあが》らないのが普通であります。しかし獣肉以外に召上《めしあが》りもののないときはお喫《あが》りになります。先年長野県の上田で講習会がありましたとき、朝も昼も夜も、上田ハムばかりを或《あ》る温泉宿でお差し上げしましたらお喫《あが》りになったのでありまず。折角《せっかく》出された深切《しんせつ》を無駄にされないお心掛《こころがけ》と存じます。

四国で、弘法大師が人々を救っていた時、あまりにも、大師の名声がすばらしいのを妬《ねた》んでいた法師が何とかして弘法大師をヘコましてやろうと思って様子をうかがっていましたが仲々《なかなか》、そういうチャンスがありませんでした。そこで、この法師が、ある日、いいししの肉の料理を使って、弘法大師の所へとどけさせたのであります。そして、この法師が、あの肉を一体どうするだろう、もしも食べたら、その時こそ、こちらの思うつぼだ。日頃からにくいと思うあの弘法大師をやっつけるべき時と、いきおいこんで、大師の様子を覗《うかが》っていますと、弘法大師は、いいししの肉を美味《うま》そうにみんな食べてしまったのであります。すると、一法師がとびでて行《ゆ》き、

「この生《なま》ぐさ坊主め、お前はいいししの肉を食ったろう……」

と、問いつめますと、大師は、

「わしは、ししの肉など食わない……」

と返答したので、ますます法師がいかり、

「いや何と言ったって、この目でししの肉をお前が食っているのを見ていたんだから絶対に間違いない。このうそつきの生《なま》ぐさ坊主め……」

「いや、わしは食わん」

「いや、くった」

「いや、くわん。わしは仏の供物《くもつ》を食ったのじゃ。肉などくわんぞ」

「いや、くった」

「わしがくわんのに、お前がくったくったと言うのじゃ、お前がくったのじゃないか。そうじゃろう。お前がくったに違いあるまい」

「何を、この生ぐさ坊主め……」

「そんなに、お前がくったくったと言うなら、ここで、二人でヘドを吐いて見ようじゃあないか。そうすれば、ししの肉をくったかどうかが判明する……」

というわけで、二人でヘドを吐いて比較してみますと、実際ししの肉を食べた弘法大師のヘドには一片のししの肉も見当たらないのに、ししの肉をくわない法師のヘドは、ししの肉ばかりだったそうであります。そのためこの地名を「ししくい」と言うのだそうであります。このように、この弘法大師のようなお心で、先生も接待された肉料理も仏の供物《くもつ》として召上《めしあが》られるのだと思います。現象の肉を食べずして実相の愛念を頂戴しなさるのであります。

完全吸収

先生は少食家であります。

茶碗に軽くふっくらと盛られた御飯が大好きのようであります。

御飯の盛り方にも、色々ありまして、その盛り方一つについてみても、その人の性格、生活状態等がわかるのであります。いずれにしても、御飯をギューギューと押し盛られては大変まずいものであります。

先生は、少食家でいらっしゃいますが、食べられたものがみんな完全燃焼するのでありましょう。それでなければあんなに少食で、あれだけの忙しいお仕事が出来るはずはありません。多くの人たちは、大食して不完全焼焼するから、時々腹をこわしたり、又、毎日大便をたくさん排泄しなければならないのであります。

食べたものを全部消化吸収するように心掛けねばなりません。それは感謝しながら食べることだと教えられております。

即席列車ボーイ

北海道御巡錫《ごじゅんしゃく》のため、東北本線で一路北上していた時であります。

ある駅で、某詩友《ぼうしゆう》が、自分が生長の家のみ教えにより救われたという感激と感謝の意味でもって、自家製のアイスクリームを二十個ばかりを、のし紙に包んでうやうやしく列車の窓から差入《さしい》れて下さったのであります。大《たい》して健啖家《けんたんか》でもない先生が、一度にアイスクリームを二十個も頂いたのですから、さぞかし、先生は、そのものの処分法にお困りになられたと思うのであります。

先生曰《いわ》く、

「さて、これはどうしたものだろうか。僕はまあ二つでよいし、君は」

「二つ頂きます。ありがとうございます」と答えて、私は二つ頂きました。すると、先生は、

「さて、まだ、こんなにたくさん残っているよ。残しといたら溶《と》けてしまうし、生かさなければならない……そうだ、そうしよう……」

とおっしゃりながら、先生御自《おんみずか》ら残った「アイスクリーム」全部をお持ちになって、同室内のお客さんに、あたかも、サービスボーイの如《ごと》く、

「これ、たくさん頂いたもので、……一つ如何《いかが》ですか……」

と、おっしゃりながら近くの乗客に配給して歩かれたのであります。

信者の愛念とは言いながら誠にこんな溶《と》けるようなものをたくさん差入《さしい》れて下さるのも、ちょっと考えものであります。自分の立場を考えたら、他人の立場も考えてみなければならないのであります。自分の喜びに夢中になって他人を困らせてはならないのであり

ます。

しかし、先生はお困りにならないで、信者の愛念が生きて来たのです。この「アイスクリーム」のために、車内の空気がやわらぎ、なごやかに変《かわ》って行ったことは言うまでもないことであり、全く楽しい旅は続けられて行ったのであります。これこそ、「アイスクリーム」のおかげでありましょうか。

少食家

汽車に乗ったらますます食欲のすすむという人もあります。そうかと思えば、その反対に全然、食べたくないという人とがあります。そして、汽車に乗ってお腹《なか》の空《す》く人は、誰でもがみんなお腹の空くものと思いたがるものであります。ですから、こんな人が、お弁当を作ってくれると、それはそれはたくさん作ってくれるものであります。みんな自分という尺度《しゃくど》によって、他を押しはかるからであります。

少食家の先生に大量の差入弁当《さしいれべんとう》をさしあげることは、全く不都合なことだと私は思います。愛念深い先生は、量が多いとは思っても残しては勿体《もったい》ないとして、無理してお召上《めしあが》りになってしまうのですが、そんな時は、どうもその後が身体《からだ》の調子が狂《くる》うらしいのでありますゝ先生は、お菜と御飯と別々の二重弁当のときには、その弁当を半分ずつおあがりになり、箸のよごれない方で、一方の弁当箱の分を他方へお移しになり、また一食分をお造りになります。そしてそれを宿についてからの一食にしようとなさるのですが、大抵《たいてい》は白鳩会の婦人が先生のおさがりだと言って喜んで頂きます。

自分の尺度でものを測ってはならない。

香辛料について

先生は、辛《から》い刺激の強い調味料はお嫌いである。

唐辛子《とうがらし》はお嫌いである。

辛いものを欲するということは、どこかに刺激を求めていることであります。刺激を求めるということは、その精神状態が尋常でないということにもなるのであります。

刺激を求めている以上は、その人の精神が神の精神波動と同一化しない故《ゆえ》、その生活がくずれて来るのであります。吾々《われわれ》は常に平常の心、平凡な生活を欲求せねばならないのでありますす。吾々は平凡の米の味を知ることが大切であります。そして一般的な味噌汁の美味を知ることが肝心であります。

先生は、刺身のワサビ以外は、辛いものはお嫌いであることを知っておいて下さい。「葷酒《くんしゅ》山門に入《い》らず」の葷《くん》は香辛性の強い野菜で、それを食すると精神の安定感を害して修行の邪魔になると仰言《おっしゃ》ったことがあります。皆さまが、先生を御接待申し上げる際にご参考になることです。

アイスキャンデー

或《あ》る夏、先生が御巡錫《ごじゅんしゃく》中《ちゅう》の列車内の出来事。

それはとても暑い日であった。いくら汗を拭いても後から後からと、汗がにじみ出て来る始末であった。何とかならんものかとむずむずしていたら、先生が、

「君、アイスキャンデーを買って下さい」

とおっしゃられたのであります。

アイスキャンデーとは聞《きこ》えたけれども、まさか、生長の家教祖ともあるお方が、アイスキャンデーを召上《めしあが》るとは、どうしても合点が行《ゆ》きませんので、念のためもう一度聞き直してみたが、やはり答えは、

「アイスキャンデー」

なのであります。

不思議でならなかったが、列車が発車するので、いそいで、先生御注文の品——を買って来たのであります。

発車後、「アイスキャンデー」をご一緒に頂きながら、先生から

「アイスキャンデーは咽喉《のど》をうるおすことが出来るが、アイスクリームでは、咽喉がかわくばかりなんだよ……」

とすばらしい御教訓を頂いたのであります。かくの如《ごと》く、法則の中に先生は生活していら

っしゃるのであります。無駄のない生活それが先生の生活そのものであります。

養父への孝養

先生御一家は肉食をなさらないのであります。特に、先生、奥様は昔から肉食はなさりません。このことで面白いことがあります。

先生の御養父さんがご存命の節、肉食の大好きな御養父さんが上京して、お山でお泊りになると、必ず、大好物のスキヤキをしておもてなしなさったそうであります。スキ焼き鍋で肉と、野菜とがグツグツと煮えてまいりますと、肉だけを食べられるのは御養父さん。こちらの端から先生親子お三人は、野菜だけをつまんで召上《めしあが》ったということでありますす。御養父さんの上京時以外は、絶対に肉を買われたことがない位《くらい》であります。如何《いか》に御養父への孝心の厚かりしかということが、この一事でよくわかるのであります。とにかくいい、いい、いい、いい、いい、いい、いい、いい、いい、もとをたてねばならないのであります。

養母への心づかい

九十幾《いく》歳でなお御存命の御養母様への御孝養は、吾々《われわれ》信徒の模範とすべきところであります。孝行と言っても、先生は、御養母様のお好きなようになされていらっしゃるのであります。お山で何不自由なくお住まいになる方がお幸せかと思われるのでありますが、東京で住む事を好まれなかったご養母様は、神戸の夢野《ゆめの》で焼け跡に建てた小さな家《うち》にお住まいになり、好きな畑造りをなさって、大満足に暮らしていらっしゃったのです。一般には、孝行をしようと思うと、親の意見など無視して、子供達が親の自由を奪っているような格好が多いのであります。ところが、先生の所では、御養母様が本当になさりたいようになされているのであります。これこそ真の孝養と申すべきものであります。

そして、戦後間もなかった当時は、物資に不足していましたので、先生が関西、九州方面へ御旅行なさる時は、必ず手土産に、珍しいアメリカ物資などを御持参になられたものであります。私もこの光栄ある使者となって、先生の御養母様にお目にかかりに参ったことがあります。ご養母様は、手土産のことなどにつき、大変お喜びになられていました。

報恩

故今井《いまい》楳軒《ばいけん》先生のことについて——

旅先で(たしか四国の高知市と記憶しています)今井楳軒先生の死去をお知りになった谷口先生は、早速、次の電文を打って、すべての御手配をなされたのであります。

モシュ」イマヰミチコ」セワ」ザイダン(原文保存)

即ち、故今井楳軒先生のお葬式を生長の家社会事業団(これは谷口先生の寄附財産によって建てられた財団法人です)でお世話することを命ぜられたのであります。故今井先生に対する御報恩のお心の現《あらわ》れの一端と拝察したのであります。今井先生は谷口先生御夫婦の結婚のときには媒酌人《ばいしゃくにん》となったり、心霊問題について色々啓蒙をお受けになったことのある恩人だからです。吾々《われわれ》も、吾々を導いて下さった先輩その他の方々に対して、絶対に報恩せねばならないことをお示しになっているのではありませんでしょうか。その後、谷口先生は楳軒《ばいけん》先生の遺孫今井康夫さんの世話をして、音楽学校を卒業させられたりせられました。栄えて行《ゆ》く人々は、因《もと》を培う心をもっているものです。恩とは「因《もと》の心」と書きます。根元をつちかわねば枝葉は繁るものではないのです。

先生と肖像写真

この頃は猫も杓子《しゃくし》もカメラを携帯して、人の姿を平気でとって失礼だとも何とも思わないらしいですが、欲せられない人の写真をとることは人権侵害であります。

先生は写真を御自分で景色などをお撮《と》りになられることはお好きなのでありますが、他人に自分の姿を撮影されるということは甚《はなは》だお嫌いなのであります。先生は、「自分の顔には自信がない」と仰言《おっしゃ》います。

ある時、長崎市で、先生の宗教講習会がありました際、神想観《しんそうかん》時、新聞社がほとんど無断で、神想観中の先生のお姿を撮影したことがあります。この時、先生はお気持ちを大変に害されまして、その撮影したフイルムを写真機より取りはずさせて光にあてさせてしまわれたのであります。もっとも、それは長崎の或《あ》る写真師が、先生の写真をとってそれを引き伸ばして信者に売り出して、大いに儲けたことがあったので一層写真をとられることをお嫌いになったらしいのであります。

そこで、先生のお写真を撮影したいのならば、あらかじめ事前に許可を得ておく必要があります。とにかく、先生のお写真は現在では生長の家本部で版権をもっていまして、布教功労者で先生のお写真を希望される人や、特別奉納金をお納めになった方にのみ差し上げることになっています。講習会のときに講習生や幹部諸氏と一緒に記念写真をおとりになる場合は、あらかじめ先生にお願いすれば大抵《たいてい》御承諾になるようです。

◯

記念撮影をしたい場合。

前もって記念写真の許可を得、日時をはっきりと決定、打ち合わせておく事が大切であります。又、当日は、記念撮影者全員がみんな揃って、先生にお入り頂ければ、速《すみや》かにシャッターが切れるようにしておいてから、先生にお出《い》で頂くだけの用意周到さが必要であります。これは、先生の大切な時間を、記念撮影のような従属的なもののために空費させられないからであります。

お風呂《ふろ》が大好き

好き嫌いということを口にするものではないのであります。うっかり好きだなどと言えば、毎日朝晩、好物の連続であり、終《しま》いには、好物でもいやになるものであります。又、口の工合《ぐあい》でちょっと食べなかったりすれば、嫌いなものとしてしまって、後からは絶対に出してくれないということもあり得るのであります。とにかく、好き嫌いがあっても口に出さない方がよろしいものであります。

さて、先生はお風呂が大好きでいらっしゃいます。しかし、たとい、どんなにお風呂が大好きでも、先生のご都合で入浴したくない場合もあるのであります。入浴するかしないかは、先生のお心の自由にお任せすることです。あまり無理におすすめするものではありません。無理に押しつけられると、あたら深切《しんせつ》も水泡《すいほう》に帰《き》してしまうものであります。

先生に、自分のお料理したものを少しでも多く差し上げたいのは、人情であります。北海道で、或《あ》る時、先生は真桑瓜《まくわうり》を二切れおあがりになられましたら「先生は真桑瓜がお好きだ」と伝えられて、次の講習会場に行かれると、真桑瓜が皮を剥いて大鉢に山盛りになっていました。奈良で甘酒が出ましたとき「ああ美味《おい》しい」と言っておあがりになりますと、行く先々で、甘酒責めにあって弱ったことがあると被仰《おっしゃ》ったことがあります。先生は「残しては饗応《きょうおう》してくれる人にすまない」とお思いになり、残さなければお腹《なか》をこわすと思ってお困りになるらしいのです。

漬物《つけもの》大好物

先生は菜食がお好きでいらっしゃいます。あの糠味噌臭《ぬかみそくさ》いと言われる「沢庵」の古漬が大変にお好きとのことであります。

先生は、京都のシバ漬《づけ》や、菜種《なたね》の花の漬物や、スグキ漬、かぶらの千枚漬等をお好みになります。京都においでになりますと、誌友《しゆう》たちがこのような漬物で奉仕せられるのを大変お悦《よろこ》びになるようです。近頃の沢庵には、ほとんど人工甘味がつけられているので、先生は特に甘味の入っていないものを御注文になって食せられるのであります。私は、光栄にも、ここ一、二年、先生が特別にお召《め》し上《あが》りになるように甘味を全然使用しない沢庵をお山に差し上げて、大変に喜ばれております。ありがたき幸せであります。

新しきものはお好き

どの子供達でも一様に、新しいもの、珍しいもの、未知なるものを求めているのでありま す。何でも新しいものに興味をもっているものであります。新しいものの中には、生命が生き生きと息吹《いぶ》いているのであります。子供の生命はすばらしい勢いをもって生長しているのであります。生長するところ、常に新しいのであります。

ですから、先生は、生命を尊重していらっしゃるのであります。生命は生きているのでありま す。生きているものは常に新しいのでありますから、先生は常に新しいものを愛されているということになるのであります。常に夢を描き、創造の世界に活躍している人々を欲するのは当り前のことであります。一般に老人になると、生命がしぼんでしまうのであります。花ならばしぼんでいる状態であります。しぼんだ花、あせた花は誰からも喜ばれることはないでしょう。

先生は常に、新感覚の人、物、事が大好きでいらっしゃるのであります。生き生きとしている所に吾々《われわれ》は常に住まわんとして努力し、心掛けて行《ゆ》かなければならないと思うのであります。

先生は若い人たちの雰囲気にふれるために、東宝劇場のミュージカルを若い少青年層の観客と一緒に観劇《かんげき》なさるとのことであります。

常に心を若くもち、心魂《しんこん》が若々しく活動するものとならなければならないのであります。

〝ヤミ〟はお嫌い

先生は間違ったこと、曲《まが》ったことは大嫌いであり、正義に強い方《かた》であります。このことで、こんなことがありました。

終戦直後は、どなたも経験のことでありますが、非常に食料事情が悪くて、どこの家でもと言いたい位《くらい》、どこでも「ヤミ米」の売買が行われ、「ヤミ米」がどこででも食べられていたのであります。ですから、お山でもきっと「ヤミ米」を食べていらっしゃったのではないかと想像なさる方もなきにしもあらずと思います。しかし、絶対に曲《まが》ったこと、「ヤミ」のお嫌いな先生方は、絶対に「ヤミ米」はお食べにならなかったのであります。

このため、終戦直後のお山のお台所には、秋にもなれば、お屋敷の庭と、お屋敷の下及《およ》び、原宿学生寮の焼跡《やけあと》でみずから栽培された百数十顆《か》の「南瓜《かぼちゃ》」がたくさんゴロゴロしていたものでありました。先生御一家の皆さまは南瓜《かぼちゃ》七割に米三割の御飯と薩摩芋の蔓《つる》とを毎日常食の如《ごと》くせられたので、しまいには手足の皮膚の色も黄色を帯び、あたかも黄疸《おうだん》の如き相《そう》を呈すると共に、先生御自身大変に、見るかげもないほどに痩《や》せてしまって行《ゆ》かれたこともありました。

正義のためには、断じて止まざるの負けじ魂《だましい》が先生のお生活の中に生き貫いているということが明察せられるではないでしょうか。悪と妥協しない生活です。そこに天の理が自《おのずか》ら啓蒙《けいもう》して来るのではないでしょうか。

脚下照顧《きゃっかしょうこ》、脚下照顧。

お嫌いなもの

先生のお嫌いなもの——

旅行と

講演と

であります。

ところがこの二つの弱点を神様が訓練して下さるのでございましょうか。とにかく、先生の昨今のお生活から判断すれば、この二ツなるもの——旅行と講演——とによって人類光明化のためにすべてをささげつくしておられるように思考するのであります。しかし、先生曰《いわ》く、

「本当は、旅行は嫌いなんだよ。もちろん、話すことだって嫌いなんだがね……」

吾々《われわれ》は嫌いなものだからと言って逃《に》げ廻《まわ》っているような卑怯者《ひきょうもの》であってはなりません。

嫌いなものでも好きになるように努力すべきであります。嫌いなものでも、度々《たびたび》、そのことをしている中《うち》には嫌いから好きに転換し、上達して来るのであります。少しでも上手《じょうず》になれば、そのものをなす上に大いに興味を覚えて来るものであり、興味をもってものごとをすれば、必ずそのことは旨《うま》く出来るということになることに決まっているのでありま す。ここにも「出せば出すほど殖《ふ》える」という法則が生きて来るのであります。

中途半端はお嫌い

先生は「いいいかげんな、やりっぱなし」は大嫌いであります。先生のお生活はすべてに亙《わた》りとことん迄《まで》徹底しているのでございます。吾々《われわれ》はこのいいかげんにやりっぱなす性格を是非《ぜひ》ともあらためねばならないと思うのであります。いいかげんの中には、全智全能の神は現れて来ないのであります。

このため、先生の詩（「爾《なんじ》のうちに神を生かせ」）に――

貴方《あなた》はもっと深切《しんせつ》にならなければならない。

何事にももっと行届《ゆきとど》いた愛を有《も》たなければならない。
小さなことでも慎《つつし》まねばならない。
貴方《あなた》の性格上の欠点は
常にこれ位《くらい》のことは善《よ》かろうと
何でも好《い》い加減の所で済まして置く所《ところ》にあるのだ。
ちょっとぐらいどうでも好《よ》い。
ちょっとぐらい汚《よご》れても好い。
ちょっとぐらい皺《しわ》がよっていても好い。
ちょっと位《ぐらい》乱暴でもよい。
私は、此《こ》のちょっと位《ぐらい》が嫌いなのだ。
神は愛であるから、
神は深切《しんせつ》であるから、
貴方《あなた》がほんとに神を信ずるならば、
何をするにも、その仕事を愛しなければならぬ。

何をするにも、その仕事を深切《しんせつ》にしなければならぬ。
行届《ゆきとど》いた愛で仕事をするとき、
深切な心で仕事をするとき、
貴方《あなた》の内にある神が生きて来る。
「ちょっとぐらいどうでも好い」
毎日貴方《あなた》はこう云《い》って
貴方《あなた》の内にある神を殺していはしないか。

大きいことがお好き

偉大なる人物は偉大なるものが好きなのであります。とにも角にも、大人物は大なることが好きであります。偉大なる人は偉大なことを想望《そうぼう》するものです。偉大なる人は、たとえ、だぼらであっても大きなこと、大きな夢を描く人が好きです。この第一人者は先生であります。

吾々《われわれ》は常に出来るだけ大きなことを心に描くことです。三界《さんがい》は唯心《ゆいしん》の現《あらわ》る所故《ゆえ》、大きなことを言っていれば、大きなことが現れて来るものであります。幸福をよんでおれば幸福が来たるのであります。大きなことを言えば心も広々として来ます。愉快《ゆかい》になって来ます。明朗になってまいります。

お互いに是非《ぜひ》とも大きな夢を描き、大きなことを言い合いましょう。そして、スケールの大なる人間となりましょう。清濁《せいだく》合わせ呑《の》むほどの太っ腹の人間となるように大いに、努力致しましょう。

青年が大好き

先生は青年を大変に愛していらっしゃいます。愛する青年のために、先生は惜《お》しみなく御自分をなげ出しておられるのであります。青年にとってこんなありがたいことは又とないのであります。偉大なる教祖に手をとり足をとられて教えを受けられるという光栄を当り前だ位《くらい》に思ってはならないのであります。この悦《よろこ》びを我《わ》が生涯の最上の悦びとし、その悦《よろこ》びに吾々《われわれ》は応《こた》えねばならないのであります。

先生は限りなく、未完成の青年を愛するが故《ゆえ》に、先には、『青年の書』を青年のために著述なさって下さり、つづいて『第二青年の書』を執筆して下さいました。その御本の中には、かくの如《ごと》き青年指導者の続出せんことを切々とお教え下さっていらっしゃいます。又、最近になっては次に述べるが如き青年にとってこの上もない悦びとするすばらしいお言葉を頂戴していることを常に忘れてはならぬと自ら希望するために、ここに再記することにしたのであります。

霊の選士としての青年の使命

「本文の読者である青年諸君。

爰《ここ》に於《お》いて諸君の使命は、愈々《いよいよ》ハッキリして来たのである。人類多しと雖《いえど》も『五蘊皆《ごうんかい》空《くう》』を悟《さと》り、『物質無《ぶっしつむ》』を悟り、物質の奪《うば》い合いの争闘《そうとう》をなすことなくとも、人間は『神の子』であるから、各々《おのおの》その天分をつくして、互《たがい》に人類に献《ささ》げ合いをしておれば、それで人間は豊かに幸福になれることを覚《さと》ったところの先覚者が諸君であるのである。神は無駄に諸君に『生命《せいめい》の実相《じっそう》』の哲学を教えたまうたのではない菩薩《ぼさつ》は自己のさとりを以《もっ》て他に伝えてこれを利益《りやく》する者でなければならない。諸君が神に選ばれて『生命《せいめい》の実相《じっそう》』の哲学を知ったのは、これによって全世界の人類を、『平和』にまで救済せんがためのである。最近私は生長の家青年会学生部の一委員から手紙を頂いたのであるが、その規約第一条に、『光明思想の研究及《およ》び神性開発を目的とし、学生相互間の友情及び学問的交流を密ならしめ、健全なる学生生活を創《つく》ると共に、将来各専門の分野に於《お》いて人類社会光明化に貢献せんとするものである』と云《い》うことが書かれている。私は今迄《いままで》、花嫁学校をつくり、或《あるい》は学生の寄宿舎を造ってその学資の一部を補助してあげたりしてその勉学に便ならしめ光明思想の使徒たらしめたいと念願したのであるが、数千の女性の卒業生を出したけれども、その中に未《いま》だ生命を挺身《ていしん》して光明思想で人類を救おうと運動した一人あるを聞かないのである。男子の学生は概《おおむ》ね『研究研究』に没頭していて、実際に人類救済の運動のために挺身する者は、暁天《ぎょうてん》の星の如《ごと》くに尠《すくな》いのであった。而《しか》も左翼の学生たちは自己の生命を抛《なげう》ち（その方向の善悪は兎《と》も角《かく》）自己が善を信じた方向に挺身しているのである。しかし、吾《われ》ら真理の使徒たるべき学生諸君が、ただ研究研究にのみ日《ひ》も夜《よ》も足らずして、一人も人間を救うことが出来ないとするならば、何のために諸君が光明思想を研究し『生命《せいめい》の実相《じっそう》』を体得《たいとく》したのか意義をなさないことになるのである。若《も》し、霊の選士たるところの諸君が、左翼の選士がその運動に挺身《ていしん》するが如《ごと》く、真理の普及に挺身するならば、あのメーデーに皇居前に集《あつま》った群衆ほどの人数を短時日に吾《われ》らの平和の選士とすることが出来るのである。私は『生命《せいめい》の実相《じっそう》』を一日でも早く悟《さと》った青年諸君が、菩薩《ぼさつ》行《ぎょう》として、この真に平和を招来《しょうらい》するところの大いなる思想を、人類救済のために、隣人《りんじん》から隣人へ、街頭から街頭へ宣伝せられんことを望んで止《や》まないものである。青年が動けば世界が動き、青年が変《かわ》れば世界が変るのである。諸君の使命はまた大なるかなである」(新装新版『真理』第四巻八十二～八十三頁)

と実に実に歓喜躍動せざるを得ないのであります。吾々《われわれ》にとってこれほど力強い言葉は又とないのであります。

先生の歩き方

先生は廊下をお歩きになるのに少しも音を立てずにお歩きになります。それは子供のとき廊下をバタバタ走るごとに養父に叱《しか》られて自分で工夫された歩き方だそうで、どのようにして音をお立てにならないかというと、それは「つちふまず」の足裏の最も柔らかい処《ところ》で歩くことだそうです。〝つちふまず〟は誰の足の裏でも猫の足裏のように柔らかいので音がしないのだそうです。誰もが気づくもう一つのことは、

「先生の歩く速度がとても速い」

ということであります。

先生の後から三尺《じゃく》の間をおいて歩いて行くことは並大抵《なみたいてい》のことではできないのであります。と申しますのは、先生が非常に速く歩かれるので、後の者——随従者《ずいじゅうしゃ》——は、しまいには速歩《はやあし》から時には駆《か》け足にもなりかねないからであります。先生は平々凡々として少しもいつもと変《かわ》りなく、さして急ぐ様子など見受けられないのに歩くのが一段と速いのであります。先生は歩くには、前へ進もうと力まないで脚を後ろへ強く引けば、楽に前へ早く進むのだと教えて下さいました。それはジェット機の推進する原理と同じだと仰言《おっしゃ》いました。

では、先生はいつでも歩くのが速いのかと言えば、そうではないのであります。では、歩き方のおそいのはいつか、如何《いか》なる場合かと言いますと、先生と奥様とが御一緒に歩かれている時であります。歩き方のおそい奥様に歩調を合わせられて、ゆっくりと歩かれるのです。ここに先生の想いやり深い、又愛情豊かな先生があります。

帽子はお嫌い

先生は帽子がお嫌いであります。

ある時、どなたかに頂いた真新しいソフトをおかぶりになりますように、奥様が、先生にお渡しなさいますと、お家《うち》をお出になる時には、ソフトをお召《め》しになっておられたのでありますが、御門を出られる時には、もう真新しいソフトを丸めて手にお持ちになってしまわれました。先生は髪をやや長くしておられるので、帽子をかぶると、帽子の下から髪がぶらさがるのが、うるさいとおっしゃるのです。

先生がお好みになるとハッキリしているものは別として、吾々《われわれ》が何か新しいものを先生に差し上げる場合には、一応お用いになるかお伺《うかが》いした方《ほう》がよいと思います。それがどんなに価値あるものであっても、お用いにならないものでは、折角《せっかく》の贈り物も無駄になると思います。先生は下さるものなら、何でも貰《もら》った方《ほう》が得だなんてお考えになる人ではありません。

しかし贈り物を無下《むげ》にお断りするのも礼儀にかなわないから、先生は何を贈られても感謝なさいます。それは贈り主の愛念の実相をお拝みになるのであります。先生は相手の愛念を殺してしまうようなことはなさらない、贈り物の奥にある愛念をお悦《よろこ》びになるのです。それにしても先生はお帽子がお似合いにならないということを覚えておきましょう。

真の愛国者

先生は真の愛国者であります。

まだ、先生が公職追放に引っかかっておられた頃のことであります。先生のお留守中、奥様に、

「先生の天皇中心主義と、祖国愛とには、戦前戦後を通じてお変《かわ》りはございませんでしょうか?」

という愚問《ぐもん》をおたずねしたことがありました。すると、奥様は、言下にキッパリと、

「その点、先生のお考えは少しもお変りございませんのよ……」

というお答えを頂いたことがあります。

そのお言葉をおききしました時、いくらたたかれても、たたかれても尚《なお》その信念にお変りないそのすばらしい祖国愛の持主を師と仰ぐことの出来た自分達は、この上ない幸福感の法悦《ほうえつ》にみたされたのであります。

偉大なる愛国者たる師は次の如《ごと》く訓話されています――

日本の国は、天皇が建てた国であります。吾々《われわれ》は天皇家と魂《たましい》を共にし血縁を一つにする民族であり、天皇家はその宗家《そうけ》でありますから、吾々の天皇を中心とする日本は天孫降《てんそんこう》臨《りん》以来ずっと数え切れない年月にわたって築きあげて来た祖国であります。ソ連はヒットラー独逸《ドイツ》に対する戦いの時、「祖国を守れ」と言いましたが、それは一九一七年の十月

革命以来僅《わず》か二十年間にマルキシズムの「理想」を骨子として築き上げて来た祖国でした。そのように新造の祖国でさえも、自己民族の「理想」で造り上げて来た祖国は屍山血河《しざんけっか》を築いてすら守ったのです。祖国とはただ領土の広さではない。その上にみずからが築き上げて来た「理想」を生きる人間の集団が住んでいることが必要なのです。日本は古代の日本民族から数え切れない年代を通じて、「天皇を中心に帰一《きいつ》する理想」を骨髄《こつずい》として築き上げて来た国が日本の祖国なのです。この「理想」を失ってしまったら日本の祖国は滅びたと同じことであります。吾々《われわれ》は天皇という「民族理想」を護るためにシッカリと団結しなければなりません。

このように、先生は祖国日本を護ることを指摘していらっしゃるのであります。今こそ、吾《われ》らは祖国愛に目覚めなければならない。いつまでも外国の言葉の魔術にひっかかっていてはならないのであります。今こそ、催眠術の術力は解けたのであります。祖国を守るために立《た》ち上《あが》らねばならない。老いも若きも、女も子供も。

みだしなみ

礼儀は大切であります。

戦争後の現世《げんせ》に於《お》ては、人生に於て最も大切な礼儀というものが守られていないと思うのであります。このことは、戦後の日本人の服装のみだれは誠に残念千万なことでありります。現代ではエチケット、エチケットと呼ばれているけれども、実際そのエチケットがどれだけ守られているかというと誠に恥ずかしいことですが、ほんの極《ご》く少数であると思われるのであります。

先生がエチケット――礼儀――を守り正されるということは吾々《われわれ》の模範とすべきところであります。先生は大衆の前に御自分をひくくなさり、礼儀をつくされるので、先生はご講演中でも教えをうける聴衆の方が開襟《かいきん》シャツ一つでアグラをかいているのに、御自分は上着をお召《め》しになって、威儀を正されて話されるのでありました。そして又、開襟《かいきん》シャツなどはお召しにならないのであります。最近では会場が狭いところに聴衆が密集してあまり暑すぎた場合、講演後ビショ濡れになった下着を旅行中随行《ずいこう》の者に世話をかけることを気の毒がられて、上着を脱いで講演なさることもありますけれども。

先生も利己心《りこしん》には叱咤《しった》される

或《あ》る日、執筆中に、大《たい》した用事でもない人が、突然、先生を訪問して来られたのです。先生の御生活は、すべて時間割的に順序立てられているので、この突然の訪問というものは、大変に迷惑千万なわけなのであります。ところが、訪問客は、他人《ひと》の迷惑などお構いないのであります。又、先生の大切なお時間を自分の「我《が》」のために消費させてしまったことに平気で、責任など感じないようなのであります。誠に残念なことであります。今日の客人も、案に違《たが》わず、先生を一時でも長く独占?　したい欲望によって長いことぐゝだゝお話ししていたまではよかったのでありますが、その中《うち》に、先生が何か大きな声で叱咤されていらっしゃるような声が聞《きこ》えたのであります。私は、この先生の大声をきいた時、

「ああ、先生もおこられることがあるんだな。あの立派な先生でさえ、たまには、心に波立つこともあるんだから、自分が腹立つことのあるのは当り前？　のこと……」と思えて、大変気が楽になったものであります。（先生は最近では、誌友《しゆう》が増加するに従って益々《ますます》御多忙で、訪問者は一切お断りになっておられ、特にお目にかかりになりたい方は本部を訪問してそれぞれの係りの人に会って所用を弁じてもらうようにしておられます。本部の理事が緊急用事で面会を求めてもお断りになることがあります）

さて話は元にかえりますが、その中《うち》に、客人も帰り、いつもと少しもお変《かわ》りもない落着《おちつ》いた先生が再び執筆なさるお部屋においでになり、以前と少しも変らない口調で口述《こうじゅつ》を続行されたのであります。お仕事がすんでから、今日、先生が立腹なされたお話を拝聴したのであります。そして、先生は、やさしく、

「僕はね、腹立てた後、すぐに、相手の実相を拝むように反省し、善の神想観《しんそうかん》をさせて頂くんだよ……」

とおっしゃられたのであります。そして、このことについては、『生命《せいめい》の實相《じっそう》』の中に、次の如《ごと》く、お教え下さっているのであります。即《すなわ》ち——

「すべて祈りに始まって祈りに終《おわ》るとき――腹を立てても好《よ》く、腹を立てなくとも好《よ》く、罵《ののし》っても好《よ》く、罵らなくとも好《よ》く、金を貸しても好《よ》く、金を与えなくとも好《よ》い――それはすべてを知り給《たま》う神の智慧《ちえ》が自分に宿って、自分の『我《が》』の知恵でなしに行われるのでありますから、どんな行為ももう後悔する必要もなく、自責《じせき》する必要もない。広いゆったりとした、何をしても自由自在の境《きょう》涯《がい》に出られるのであります。

心がこうして自由自在の境涯に出られますとき、心の中に滞《とどこお》りというものがなく、実に伸び伸びとした『神の子』本然《そのまま》の好《よ》い気持になれるのであります。心が自由自在になれるから、腹を立てても好《よ》いのだといわれても、いつまでも一つの事に心が引っかかって腹を立てているということも自然になくなる。また相手を救う必要上、一時カッと腹が立った姿をあらわしめられても、その腹の立つということにいつまでも心が捉えられないで、すぐその人のために祈ってやれるようになるのであります」（新編『生命の實相』第四巻「実相篇」五十四～五十五頁）

直言《ちょくげん》を悦《よろこ》ぶ

先生の日常生活の中から「直言を悦ぶ」というものがにじみ出て来るのであります。どんなことでも忌憚《きたん》なき意見を述べることであります。

先生はそのことにつき少しもお厭《いと》いにならないのであります。遠慮あるところに意見の相違を来たし、「一」のものにぴ、た、り、としない何ものかが伏在《ふくざい》するのであります。こんなことでは、人類光明化運動に参加したところで大《たい》した働きをなすこともできないでありましょう。直言せよ。

多くの人の中には、「直言する」という武器をもって、先生にとり入る人もなきにしもあらずであるということを忘却《ぼうきゃく》してはならないと思うのであります。吾々《われわれ》は、先生に直言する時、おのが心に「これは本物の自分のすることであるか否《いな》か」ということを問いただしてみる必要があると思います。本物の自分の「直言」ならば悦《よろこ》んで致すべきであります。

このことで――

「直言《ちょくげん》する者を愛し、自分の耳に心よくない者を、悦《よろこ》んで神の声と思ってきく者は、必ず魂《たましい》みがけて向上するものである。人にはよいことを語って、自分には痛いことを言われて、却《かえ》って悦ぶようにならねばならぬ。欠点を言ってくれるのは愛があるからである。耳をよろこばす追従《ついしょう》の言葉のみを喜んで、慢心《まんしん》すれば、魂の向上は期待出来なく、受ける心になってはじめて魂が進歩する。良人《おっと》や親や舅《しゅうと》や姑《しゅうとめ》があんなに言うのは、自分に愛があるからだと知らねばならない。隣の良人《おっと》は私には何も叱《しか》ってくれないのである。それは愛がないからだ」

と谷口雅春先生は教えて下さっている。

師でさえ、直言してくれる人のあることを喜んでいらっしゃるのだ。吾々《われわれ》もこのことにならって、もっともっと直言してくれることを悦ばなければならない。師の生活態度には、誠にも「神」へ従順そのもので満たされているのであります。師の姿を自己の手本となすべきでございます。

頼まれると嫌《い》やと言えない御性格

或《あ》る日、奥様染《し》み染《じ》みと、

「先生は本当にお人がよいのですのよ。他人《ひと》様から直接にものを依頼されますと、たとい御自分には御都合がお悪くてもお断りできなくてお引受《ひきう》けなされてしまうことがまま あるのですのよ。先生のこのお性質は実際損なことがあるのよ。御都合が悪ければ、スパーッとお断りしてしまえばよろしいのにね。先生は本当に愛の深い方なんですね。このお性格が、先生の美点でもあり、又、弱点でもあるのよ……」

とお話し下さいましたことがございます。ですから、先生と直接交渉なさる人の中には、この先生の弱点を強襲《きょうしゅう》する人もあるのであります。この弱点を不意につかれた先生は、大概の場合相手の言葉を御承諾なさってしまいます。又、一度で駄目《だめ》なら二度三度と、この先生の弱点をついてこの一角をつきこわしてしまうような心臓の強い人もあります。やはり、先生も、吾々《われわれ》と同様な弱点を有するということは、先生に一層親身感《しんみかん》を抱《いだ》くものであります。皆さんは如何《いかが》ですか。

先生は全く〝愛でひとを世話する人もあれば、誇りで人を世話する人もある。前者は神の前で高くせられ、後者は神の前で低くせられる〟と、『生命《せいめい》の實相《じっそう》』の智慧《ちえ》の言葉の中でおっしゃられたその〝前者〟の権化《ごんげ》に等しいのであります。どんなにしても、人を生かしたいのでございましょう。即《すなわ》ち、神に近づく道は、一歩一歩小善を積むにあるであります。

日時計《ひどけい》主義者

善きことのみを記憶する標本《ひょうほん》の如《ごと》きが先生の頭脳であるのであります。先生くらい、善いことも、悪いことも、見聞なさる人はいないと思うのでありますが、その善悪をよく選択して、善のみを記憶されているということは誠に驚嘆《きょうたん》いたすのであります。

この世は善の世界であります。それは、この世を創造し給《たま》うたもの――神――が、善のみで造られたからであります。神を信ずるものよく善を知らなければならないのであります。

このことで次の六つの誓《ちか》いを常に記憶し、それを進んで実行せねばならない義務が吾々《われわれ》にあるのであります。

六つの誓《ちかい》

一、今後必ず自分の眼に封印して他の悪を見まい。
二、今後必ず自分の耳に封印して他の悪を聴くまい。
三、今後必ず自分の唇に封印して他の悪を語るまい。
四、今後必ず自分の眼を開いて他の行《ぎょう》の中から善き所のみを見よう。
五、今後必ず自分の耳を傾けて他の言葉の奥にある善き意味のみを聴こう。
六、今後自分の唇を開けば必ず人の善を褒《ほ》めよう。

生長の家同信者の家庭を殖《ふ》やしたい

先生の理想には、又、次のようなこともあるのであります。即《すなわ》ち――

「私は今後いよいよ『生長の家』の信徒を増すに従い、幼《おさな》き時より『生長の家』の思想で訓練された善き独身の青年たちを結び合わして、家庭の成立の最初から断然《だんぜん》『生長の家』の資格を備えている家庭を日本全国に造りたい。それは日本全国に於《おい》てその地その地の人類を照らす光となるであろう。この理想に共鳴された方《かた》で、既に婚期にある人は、白鳩会まで、その理想する結婚条件、相手に対する希望、自己の境遇、教養等について詳しく知らしておいて欲しい。互《たがい》に希望条件や、性格や、理想がピッタリ合ったと思える相手が見《み》出《いだ》された時、私は互《たがい》に対して通知を発するであろう。それまでは急がないで待ちながら『生長の家の生き方』を自己自身の上に修養して、将来実際『生長の家』をつくり得《う》る素《そ》養《よう》を磨《みが》かれたく思う」(新編『生命の實相』第十三巻「生活篇」一五七～一五八頁)

これは生長の家の発祥後間もなく発表された先生の御理想であり、先生のこの理想に副《そ》って現在の青年は結ばれつつあるのであります。例えば橋本健君、仙頭泰君、大沼正君……等《など》と数えあげることができる。かくして日本は光明化され、世界は平和となって行《ゆ》くのである。しかしただ今の谷口(雅春)先生は五雑誌にものをお書きになると同時に、『聖使命』紙に月三回お書きになり、更《さら》に、毎月数ヵ所又は十ヵ所ほども、一日六時間の長時間講習を強行しておられて、青年のそうした個人的な希望の長々しい手紙をお読みになるだけでも大変であり、実際に先生が媒酌《ばいしゃく》に立たれるとしますと、先生は責任観念の強いお方でありますから、充分身元なども御調査にならねばなりませんから、現在は、先生にそのような事をお願いにならないがよろしいと思います。しかし、各地で生長の家青年会に於《お》いて挺身《ていしん》して愛国運動や国民総自覚運動に奉仕活動しているうちに、自然にお互いに共鳴する同信者の青年に出会うことになり、互いに協力活動しているうちに、相手の性格や趣味などもよく判り、神様の手で結ばれるようになると信じます。

私の残したいもの

大阪の明治時代の株式売買の大手であった岩本栄之助《いわもとえいのすけ》氏はその儲《もう》けた金をポンと百万円

（当時の百万円は現在の二十億円にも当たる〈昭和三十五年当時〉）を投げ出して大阪市の中之島公会堂を建造されたが、その後株で失敗して全然無一物となり、公けにささげた公会堂だけが残って岩本氏の恩沢《おんたく》に大阪市民はうるおうているのでありますが、あのすばらしい公会堂を建てられた人でも、与えたものだけが残るのです。だから今儲《もう》かっていても福《ふく》田《でん》のない人間の運命なんて全く安心などしていられないと思うのです。吾々《われわれ》御教《みおし》えを受けた者には、多くの人の気の毒な運命の奥には何かかくならしめた心の法則が必ずあることを知るのであります。吾々は先生より自分の運命は自分で支配するのであると教えられているからであります。とにかく、この岩本栄之助氏の寄附された中之島公会堂で、先生の講習会、講演会が、度々《たびたび》開催されるのであります。ある時の講演会がこの公会堂であった後、帰京の途《と》につかれた列車の中で、ぽつんと、先生はおっしゃられる……

「僕も建造物を残したいと思うな。造った人は亡びても建物だけは残るからね……」

私はこのお言葉をおききしてこれはすばらしいことだ、きっと、先生は、何かすばらしい美術的建造物をお建てになるに違いない。どんなものか早く出来ればいいがな、と当時考えたことであります。それが遂に出来上がったではありませんか。言うまでもなく、

「生長の家本部会館」であります。

この建築の着手までには、三、四年の年月を費やしたのであります。しかし、今後は、もっと立派な生長の家の建物が続々各地に出来ることでしょう。

偉大なる作詞家

先生は偉大なる作詞家であります。多くの人達から愛唱される詩はたくさんあることと思われます。中でも私は次の詩が、自分の魂《たましい》の中に何ものかを打ち込まれるような力強さを感じ、口にするたびに人間のすばらしさを痛感させられる、先生の詩の中でも大好きなものの一つ(「生きた生命」)であります。

名乗れ、境遇に屈従する卑怯者《ひきょうもの》は誰だ。

誰がわが生命を食べ物でこねあげた塊《かたまり》だと思っているのだ。

生命は蝋細工《ろうざいく》ではないぞ。

石膏細工《せっこうざいく》でもないんだぞ。
おれは旋風《せんぷう》だ。
颶風《ぐふう》だ。
渦巻《うずまき》だ。

おれは環境を
徐々にわが望みのままに
飴《あめ》のように
捻《ね》じまげる。
俺《おれ》は宇宙を造った大いなる力と一つの者だ。
おれは空中電気を雷に変じ、
太陽の光を七色の虹に変じ、
真黒な土から燃えるような赤い花を咲かし、
火山を爆発さし、
あの不思議な星雲から、

太陽系を生んだところの大いなる力と一つの者だ。
環境が何だ。
運命が何だ。
おれはおれの好きな時が来れば、
鰻《うなぎ》が石垣の間から脱け出すように、
どんな苦《にが》い運命からでも脱け出すのだ。

…………

…………

熱情家である

先生のお仕事を手伝わせて頂いて特に感ずることは、先生は熱情のあふれる方《かた》だということであります。これは世の指導者として、先生が如何《いか》に熱情が大切であるかということを身を以《もっ》ておしめしになっていられるのであります。みなさまも、この熱情に打ちこたえ、心をうちふるわせ、魂《たましい》を魅《み》せられているのでございましょう。

熱情こそ、その人の魅力であります。先生の熱情は講演の語調にもあらわれ、その講演が人を魅《ひ》きつけるのであります。対談中に叱咤《しった》されたように感ずることがあるのも熱情が爆発して語調が強くなるのであります。

雄弁のことで

私が講演することが大変下手なために思い悩んでいた時、先生は私にこうお話し下さいました。

①講演内容の原稿を書き、それを丸暗記してしまうこと。そして、一度その原稿を忘れてしまうようにして、聴衆の雰囲気《ふんいき》に応じて思い出すままに話すことですよ。

②とにかく、話すことの回数を多く重ねること。

③聴衆の中から一人でも熱心に話をきいている人を見つけて、その人の顔を見ながらそ

の人に話すようなつもりで話をすすめてみること。
④聴衆を神の子、兄弟姉妹として拝んで話すこと。
⑤権威ある態度で話すこと。
⑥体験談を入れて話すこと。体験者の住所姓名等を具体的に述べると実在感が起って聴衆を感銘せしめる。
⑦ただの記録の叙述ではなく、感情的、熱情的に話すこと。
⑧話の始めと終りを決めておくこと。
⑨演壇にあるものをすべて利用すること。話の内容に応じて、コップでも卓上の花でも、それをとり上げて、それを実物の象徴として話すこと。
⑩ゆっくり落《おち》ついて間《ま》を入れて、時に緩《おそ》く、時には早く話すこと。あまり立板《たていた》に水のように、早口で滔々《とうとう》と話してしまうと却《かえ》って印象にのこらない。
⑪言葉につまずき、つかえた際には
「もっとすばらしいことが出て来る」

と信じ落ちつくこと。話はつかえたときに、その次に何が出るかと聴衆は注目するので、却《かえ》って印象が深く感銘させることができるものだ。

このような注意をして話すことを、丁寧《ていねい》にお教え下さったのであります。又某書《ぼうしょ》に、雄弁には次の如《ごと》きものの必要性が説かれているのであります。即《すなわ》ち

㋑自己の声音、態度、顔面の表情、言葉遣い、発音、話の構成等みな各自独特のものを訓練すること。

㋺広く深き経験と知識とが必要。

㋩聴者に対して、同情と寛容に富んだ態度が肝要。

㋥自己の主張に強き確信を有《も》つこと。

㋭雄弁はその目的を達成するため、全力を傾注すること。熱烈さが大切。

㋬聴衆に対して自己を適応せしむること。

㋣聴衆又は相手方の注意と興味とを保有すること。

㋠雄弁は直接法がよい。

㋷自然的であることが肝要。

ⓧ雄弁には呼吸を支配する事が必要。
ⓛ雄弁家となる最後の手段は練習である。

雄弁には、流暢《りゅうちょう》なことと、訥弁式《とつべんしき》と二つあります。先生は、「私は訥弁式なんだよ。……」
とおっしゃったことがあるのであります。いずれにしても、話術の上手《じょうず》なことは世渡りの上手なコツなのであ り ま し ょ う。

魂《たましい》の洗礼

先生はすばらしく強大な浄化力装置をもっておられるのです。如何《いか》なるものをも、絶対に清浄化せしめないではおかないものすごい「力」即《すなわ》ち、雰囲気《ふんいき》をもっておられるのであります。

先生のこの偉大なる浄化装置をつぶさに体験させて頂き、先生より魂の洗礼を受ける私は、世の中で私程《ほど》幸福なものはあるまいと自認《じにん》し感謝しているのであります。

当時、毎日お山へ行くことにより、私は自分の心がスーッとなるものを常に感じさせられていました。家を出る時、多少のモヤモヤが心にあったにしても、一度、お山の門をくぐりさえすれば、それだけでそのモヤモヤが晴れてしまうのです。ましてや先生のおそばにいるだけで、先生より偉大なる力で放射される目に見えない霊力とでも申しましょうか、それによって私の魂《たましい》の底の底まで浄《きよ》められる感を深くするのであります。あらゆるものを、あたたかく包み、やさしき愛によっておさとし下さる先生の人格よりにじみ出る雰囲気《ふんいき》なのでありましょう。しかし先生のおそばにいられることによってのみ吾々《われわれ》の魂が清められるのではないのであります。そのために先生は一人でも多くの人たちが魂の洗礼をうけ得《え》られるように『生命《せいめい》の實相《じっそう》』をお書き下さったのであります。

『生命の實相』によっていかに多くの人たちが救われ、浄められているかということはすでに衆知のことであります。『生命の實相』の中に先生がいらっしゃるのであり、先生のいのちのひびきや雰囲気が文章の調子となって躍動《やくどう》しているのであります。『生命の實相』をひもとくだけで、吾々は誰でもたやすく魂の洗礼をうけられるという幸せを与えられているということは唯々《ただただ》感謝の外《ほか》はありません。

温かい手

先生のお手にふれたことのある方の誰しもがきっと感じられたことは、先生のお手はとても、柔軟で温かいということでありましょう。

私は、先生のお供をしている頃、誌友《しゆう》の方がよく先生の手を握って御礼を申上《もうしあ》げているのを見受けたものであります。私はその様子を見て、

「うらやましいな。僕も一度くらい先生の手を握ってみたいなあ」

と思ったことがあるのであります。

ところが、はからずもその光栄に恵まれる機会が遂に私にも到来したのであります。それは私が船医となって、諸外国の土地へ小便をして来るような忙しい船旅の生活をしていた時のことです。ある航海――イランへの旅――で印度《インド》洋上において、盲腸炎《もうちょうえん》となり、それが悪化し重態に陥《おちい》りたる時、先生始めお山の皆さまの御愛念による御思念のおかげで、奇蹟的に助かり、無事帰国できたのでありました。内地に上陸し直ちに、先生に御礼

申上《もうしあ》げるためにお山へ早朝お伺《うかが》いしました。ちょうどその日、先生は北陸へ御巡錫《ごじゅんしゃく》にお出掛けになるので、お山で御礼申上《もうしあ》げた後、上野駅まで先生をお見送りに参上したのでありました。

発車ベルが鳴り響いている。

皆さんが代る代るお見送りのお言葉を申上《もうしあ》げていらっしゃいます。

発車ベルが鳴り止んだ。いよいよ発車。

この時、私は、先生の窓下へ駆《か》け寄り、先生の差しのべて下さる慈愛《じあい》こもるお手をしっかりと握り、先生に再度御礼を申上《もうしあ》げようとしましたが、感極《かんきわ》まってその時の有難《ありがた》さもろくろく言葉にもならず、唯々《ただただ》、

「先生ありがとうございます。

先生ありがとうございます。

…………」

だけでありました。先生のお手にふれただけで、ちょうど愛の電気にでも接触したが如《ごと》くに先生の愛情が私の全身をかけめぐる程《ほど》でした。私はこの時、初めて、先生のお手の「あ

たたかさ」を実感させて頂いたわけでございました。心のあたたかい、愛の心で満たされていらっしゃいます先生のお手はさすがにあたたかいものでございました。実際の体温はどうであったか存じませんが、私にはそう感じられたのであります。いまだにあの時の先生のお手の感触の柔かさ、温かさは忘却せられませんと共に先生の御愛念の深さに唯々《ただただ》感謝申上《もうしあ》げている次第であります。吾々《われわれ》は、愛に充《み》ち満《み》ちた柔《やさ》しい、温かい心の持ち主となるべく大いに努力し誓うべきであると思うのであります。

愛信

私が伊豆七島中の式根島《しきねじま》に在住していた昭和二十六年正月のことであります。思いがけなくも先生より次のような年賀状を頂き、私の心は感激にはりさけんばかりに鼓動《こどう》したのであります。

拝復　年頭の御手紙有りがとうございます。誠に暖《あたたか》い所で島の人の救済のために天の使《つかい》としてお出《い》でになった貴方《あなた》を祝福します。健康で、そして御勉強なさいませ。
先《ま》ずは正月の挨拶《あいさつ》まで

私は先生よりこのようなお言葉を頂いて、ますます無病村の設立に精神的にも貢献すべく自らをはげましたのでありました。おかげで、その実績はすばらしいものでありました。これひとえに、私のようなものを「天の使」とおっしゃって下さった先生の御愛念のたまものと深く感謝している次第であります。

〝アプレゲール〟

先生が九州へ御巡錫《ごじゅんしゃく》になるので、私の口述速記《こうじゅつそっき》の仕事は一時中止となったのでありました。そのお忙しい中から、先生は、私に次のようなお手紙を下さったのであります。

「速記の仕事は面倒ですが、最初からその意味を理解して内容を覚えようというつもりで、読み直して行かれますと、あなたが一番最初に、最も滋味《じみ》多き知識を吸収することが出来るのです。

原稿は、意味のわからぬ活版小僧《かっぱんこぞう》が文字だけを見て組んで行《ゆ》くのですから出来るだけ丁寧《ていねい》にかかれたいのであります。

小生《しょうせい》の九州旅行中は文字を字画正しく書く稽古《けいこ》をして下さい。

右下りのクセを直すこと。デフォーメーション（形の崩れる）を喜ぶのはアプレゲールの頽廃《たいはい》の姿である」

私はこの書を頂いて、自己の非なることを痛感したのであります。そして先生の御愛《みあい》の深さというものを、この時程肝《ほどきも》に銘《めい》じたことはないのであります。又、右下りのクセを是正することを御注意頂いたことは誠に恐縮に堪《た》えないのであり、又、形の崩れることをアプレゲールとして指摘下されましたこと、これ又、私の一大教訓に値《あたい》するのであります。

間接的キッス

ある日、その日は先生が御揮毫《ごきごう》されたのであります。私は、先生のお書きになりましたのを、一枚一枚廊下の欄間《らんま》へ、小針《ピン》で止めて行《い》ったのであります。ピンを手に持つと書きものを止め難《にく》いので、たくさん、小針《ピン》を口にふくんで書きものを忙しくとめていたのであります。これを御覧になっていた先生は後で、

「小針《ピン》を口にふくんでなめるということは、間接的キッスの現《あらわ》れである。つまり、君のなめたものを、誰か他の人がなめるか、或《ある》いは、誰かがなめたものを君がなめるかして、キッスしていることになるね……」

とおっしゃられたのであります。これをおききして、私は顔から火がとびでる程《ほど》の恥ずかしい思いで、一ぺんにギャフンとしてしまったのであります。

この先生のお言葉から言えば、酒のみが、酒盃《しゅはい》をやりとりするのも、実際に人の面前でキッスするなどはできませんから、自分の唇をあてたもの——酒盃——を相手の唇にふれさせる、つまり間接的キッスで我慢しているということになり、「キッスしたい」心の表現であり具象化《ぐしょうか》であると言えるのであります。

皆さまは、如何《いかが》ですか？

かくの如《ごと》く、吾々《われわれ》が自分達の日常生活を精神分析的に考えてみたことがございますか。

もしなければ、日本教文社の「精神分析」の諸書物をおよみになって、予備知識を得てから一度お考えになってみて下さい。新しい発見をすると共に愉快《ゆかい》になることが必ず出てまいります。自己流の精神分析に病みつきにならぬように御注意下さい。

〝いちじく〟

先生は、大変、自然を愛される方《かた》であります。そして、先生は土を愛されると同時に、色々の草木にまでも細かくご愛念をよせておられるのであります。

お山の塵捨場《ごみすてば》には、とてもたくさんの挿木《さしき》——無花果《いちじく》の挿木——がありました。これは先生御自身で挿木をなされたものでした。先生は無花果《いちじく》の実がお好きだと伺《うかが》ったことがあります。

いつの日か、この挿木——先生御自《おんみずか》ら挿木された光栄ある——を頂いて飛田給の生長の家道場の庭へ移植したのであります。先生から頂いた無花果《いちじく》の挿木は七本でありました。その次にまた頂いたのも七本でありました。七つは完成の数であります。既にその頃、飛田給の生長の家道場で行われていた練成会は神から祝福されていたのでありましょうか。或《あるい》は、先生が特に飛田給練成会の発展を祈念せられたための数――七本――であったのでありましょうか。

とにかく、この無花果《いちじく》は、飛田給の庭ですくすくと生長して行ったのであります。当時、一番成績の良好であったのが、私が飛田給の一隅に住まわせて頂いていた頃、私の住居の裏に植えた無花果《いちじく》の木でありました。一、二年の中《うち》に、他の無花果《いちじく》の群《むれ》を抜いて、すばらしく大きくなり、無花果《いちじく》の果実《み》をたくさんつけるようになり、二つばかり特別早く色づいたように記憶しておりますが、その初めての初物の実を私は感激を以《もっ》て、神に捧《ささ》げたのであります。飛田給の生長の家練成会へお出《い》でになられる方《かた》は、先生の御愛念こもれる無花果《いちじく》の木を是非《ぜひ》とも御覧になって頂きたい。私も一度この記念すべき無花果《いちじく》がその後如《い》何《か》に、飛田給道場在住の人達の愛念によって生長しているかを見たいと思っていたのでありますが、最近承《うけたまわ》るところによりますと先生から頂いた無花果《いちじく》の樹はその後益々《ますます》生長し、その枝が次々と挿木《さしき》され、その挿木の若木が練成に来られた熱心な希望者に分与され、それらが練成員の郷里にて毎年各所で無数の実を結んでいる由《よし》でありまして、まことに「一粒の実《み》、地に落ちて死なば多くの実を結ばん」であります。

当時、私は先生から頂いた無花果《いちじく》の孫木《まごぎ》をたくさん挿木《さしき》して、飛田給の一部に「無花果《いちじく》の小径《こみち》」とでもいうような個所《かしょ》を作ってみたいものと考えました。そして、村田圭介氏ともよく話し合ったものでした。何本かの孫木に根がついたのでしたが、この「無花果《いちじく》の小径」を実現せしめずして私は飛田給を去り、専門の医業にいそしむことになってしまいましたが、今にしてあの頃をなつかしく思うのであります。

先生が自然を愛されるということでこの無花果《いちじく》の挿木のこと、つまり飛田給生長の家練成道場にある無花果《いちじく》の由緒を敢《あ》えて、ここに紹介したいと思ったのは、飛田給に今おられる人達の大部分が、飛田給に生長の家練成会が発足した当初のことを知っている方が少ないように思ったからであります。

とにかく、飛田給の無花果《いちじく》を御覧になったら、その元木《もとぎ》——親木《おやぎ》——はお山に今ある無花果《いちじく》であることを想い出してみて下さい。

芙蓉《ふよう》

お山のお庭には、四季毎《ごと》に綺麗《きれい》な花が色とりどりに咲くのであります。ちょうど、秋風が立ち始める頃は、紅白の大輪の芙蓉が上品に咲き香っております。

ある年、某《あ》る梨園《なしえん》へお山の皆さまがご招待を受けられて、その梨園へお出《い》でになりますと、その家の庭に今を盛りと咲き競うている「芙蓉」を御覧になり、それが大変お気に召《め》して、もらって来られたのだそうであります。飛田給にいた頃、徳久氏と私、そしてそれぞれの家族同伴でその梨園に招待されたことがありましたが、その家の御主人はじめ御一家の皆様はとても熱心な誌友《しゆう》の方《かた》で、谷口(雅春)先生にお出《い》で頂くために特別に増築されたというお部屋で、家族とともに甘い汁のたれる二十世紀を、丸ごとむいてかぶりついたことをなつかしく思い出すのであります。

お山の芙蓉も年々生長しふえてまいります。そして、お山の芙蓉の子木《こぎ》があちこちに貰《もら》われて参ります。最近、この群馬県吾妻《あづま》郡嬬恋《つまごい》村の山奥の私の庭にも、お山の芙蓉の孫木《まごぎ》が送られて来てすくすくと伸び、大きな蕾《つぼみ》をもち始めました。美しい花の開くのを今から楽しみ待ち望んでいるのであります。

孫の〝しつけ〟

先生御夫妻は、可愛《かわい》いお孫さんの教育については、清超先生御夫妻に絶対におまかせになっていらっしゃるのであります。

さて、多くの場合でありますと、孫の教育――育て方――について、家の祖父祖母として絶対に干渉しないことなどは、一度は決心はしてみるものの中々実行が伴わないようであります。

しかし、先生は、ずっと、このこと――お孫さんの教育――については、清超先生御夫妻を信じて絶対に干渉なさらないのであります。そのまかせ切りの信頼は誠に敬服に値《あたい》するのであります。吾々《われわれ》もかくありたいものであります。これだけでも、本当は苦労が一つも二つも軽減されるのですからね。

切手をはるにも

先生御夫妻は、大変几帳面《きちょうめん》でいらっしゃいます。そのよき例は、切手を封筒に貼る際、上下左右に曲《ま》がらずにきちんと、切手をはられるのであります。こんなささいな事にも細かい御心づかいをなされるのであります。

発明のこと

先生は「実《じつ》」とは物質ではなく、「多勢《おおぜい》の人々に為《ため》になる智慧《ちえ》」が「実《じつ》」であると常に教えられました。少数の人の為《ため》になるものを発明しても、それは大なる「実《じつ》」とはならない。多勢《おおぜい》の人のためになるものを考えなさいと言われました。

生長の家誌友《しゆう》であるH氏は、発明に関しては自他共に一流人だと自認もしている人でありましたが、先生の教えにしたがって、今日本の多勢《おおぜい》の人が何を求めているかを考えましたら、それは洗濯機でした。そこでH氏は音波洗濯機なるものを発明し、大々的にそれが製造されようとしていた頃のことであります。その音波洗濯機を或《あ》る日お山で試験したことがあったのです。もともと「音波」によるものでありますから、その音たるや物凄《ものすご》くて、静寂なお山に於《おい》て、特に、著述に、口述《こうじゅつ》にお励みになっていらっしゃる先生にとりましては甚《はなは》だ御迷惑だったのでありましょう。或る日、先生は、

「この音を消す方法を考えないといかんね。あれは、やかましくて、近所の迷惑になるよ。

人に迷惑をかけるような発明じゃ駄目だね。もっと何とかならんものかね。あれじゃ実用向きじゃないね……」

と、発明家のH氏に被仰《おっしゃ》っていたことがあります。神はすべてのものを造り給《たま》うていらっしゃるのであります。

そして、神はすべて善なるもののみしか造られていないのであります。絶対に他に迷惑をかけるような不備なものは造られてはいないのであります。神の自己実現である吾々《われわれ》に於てをやであります。とにかく、想像は創造であります。出来るだけ多くの人のためにな

る創造発明であってこそ真の価値を有するものと言えます。しかし、その音波電気洗濯機が二、三の新聞にも紹介され、それが刺激となって色々の洗濯機が次から次へと業界から発表され、現在のような電気洗濯機がはんらんする時代を招来《しょうらい》したのであります。「徳は孤《こ》ならず」であります。今やそのH氏は、多数の人が求める安価なカラーテレビの発明に成功し、それを発売しようとしている会社は第二のソニーと言われるほどに株価が奔騰《ほんとう》しているのであります。

旅立ちの祝い

先生の奥様は、如何《いか》なる場合でも、先生が御旅行にお出掛けになる場合には、赤飯をたかれて、その門出を祝福なさるのであります。これみな奥様の御愛念の現れでなくてなんでありましょう。先生には後顧《こうこ》の憂《うれ》いどころか後方部隊より強烈なる愛念の放射を受けて、第一線に於《お》いて、無限の力強い生命の歓喜の大演説をますます強力に遂行し得られるのでありましょう。吾々《われわれ》も家内より愛の弾丸を打ち出してもらい勇気を以《もっ》て、仕事を処理して行《ゆ》けるだけのものになりたいものであります。

船中の祈り

北海道の表玄関――函館市――まで、先生のお供をしてまいった時のことであります。青森駅に深夜到着し、直ちに青函連絡船の一等室へ案内されて、先生と同室のベッドで休養をとらせて頂いたのであります。

どのくらい眠ったたか、船が大変揺れるので目を覚ましてみると、そこにすばらしい光景を拝したのであります。――

先生が神想観《しんそうかん》をなされているのでした――

時計をのぞくと、大体五時なのであります。先生は全国、全世界、全宇宙に向って、愛の念波を放送なされていたのであります。私らは、いそいで、おくればせながら、神想観をさせて頂いたのでした。神との一体感の時間、恍惚《こうこつ》とさせて頂いている。揺れることが少しも気にならなくなって行く。

先生の拍手《かしわで》で再び現実世界へ帰ったのでありました。先生曰《いわ》く、

「君達朝飯を食べて来ないかね。僕は先に食べて来たからね……」というわけで、お供の私らが、師よりもおそく起きて誠に面目ない失態《しったい》を演じてしまったのであります。

先生は、すべてのことに、他人に迷惑をかけないようにとお心を配られていらっしゃるのであります。この点を特に見習う必要があるのであります。迷惑をかけたくないところに、神の愛が生きて来るのであります。

会場準備

尊師が講習会場へ御入場の際は必ず、聖典神誌《しんし》の頒布所を一目でも御覧になるべく、普通の聴講生の入場の入口から入場したいと仰言《おっしゃ》るのであります。そして、その宣伝方法、陳列方法等をスーッと目を通して聴講者の気持になって、この陳列法では、どんな感じがするかを観察し、注意を与えられることがあります。そういう先生のお気持ちを知らないで、地方の講習会係の幹部の人は先生だけに別の入口にスリッパを置いて、御案内申上《もうしあ》

げるので、先生も仕方なくその方《ほう》からお入りになることがあります。

先生でさえ、このような注意をなさるのですから、講習会場の責任者はこのような微細な点に至るまで、十二分の注意を払って準備する必要があるのであります。生長の家は聖典を読むことそのことが真理をさとって救われる元になるのですから、菩薩行《ぼさつぎょう》としての聖なる諸々の仕事を完遂することに無上の歓喜を覚える人達にとっては、講習会場に於《お》ける書籍の位置など尚一層の新感覚、新創意工夫が是非《ぜひ》とも肝要となるのであります。ですから、本の頒布所のみならず、スピーカーの位置、配電テスト等々すべての点に亙《わた》り万遺《ばんい》漏《ろう》なきことを期し、しかして先生の御法話を心ゆくまで、一般聴衆にきいて頂けるように相互協力一致しておきたいものです。

ものを与える時の心得《こころえ》

先生のお宅では四方八方から、誌友《しゆう》の方々やあらゆる関係者より贈り物を受けられます。すべて感謝と愛念のこめられたものばかりであります。それにも増して先生奥様は、他人《ひと》に与えることを好まれるのであります。

他人に物を上げるには、一番よいもの、上等なもの、御自分のお気に召《め》すものを……そして相手に一番必要なものを、と心配《こころくば》られるのであります。たとえば、私が飛田給でお世話になっていた頃は、ちょうど戦後の一番物資の乏しい時代でありました。新婚の家庭が多く、私の家を先頭に次々と赤ちゃんが生れたのであります。ちょうどお山でも、私共と前後して、お孫様がお生まれになられました。

その頃は何かにつけ物資が不足している上に、特に衣料品はなかなか入手困難な状態でありましたので、お山でもアメリカから送られるのが唯一のルートのようでした。佳世子《かよこ》様のお古を雅教《まさのり》様(生後一年もたたずに夭折《ようせつ》)がお召《め》しになるというように節約をなさりながら奥様のお心遣《こころづか》いで、吾々《われわれ》の子供のためには真新しい品々を頂いて、それぞれ感激感涙したことでありました。

そして又奥様自ら、何がほしいかときかれ、例えば、おふとんのカバーが頂きたいと申《もう》し上《あ》げれば、〝どれだけの寸法か計って言って下さい〟とおっしゃるのであります。折角《せっかく》あげても間に合わなかったり、又あまって無駄になってももったいないからとのお言葉でした。又、着物を誰かにあげられる場合など、裏など必要な付属品を全部そろえてあげられるというように、谷口（雅春）先生御夫妻は他《ひと》に何かをあげるためにも、これほどお心くばりと御愛念をかたむけられるのであります。中々普通人の出来ないことであります。

頂いたときの心得《こころえ》

お山の奥様は、ものを頂いた場合、それがどんな人から、如何《いか》なる所から、又、そのものが如何《いか》につまらないようなものであっても、必ずその人の住所、姓名を「奉納者名簿」に記入になり、必ず、「谷口雅春秘書」の御名で、或《あるい》は奥様御自身のお名前で以《もっ》て、礼状を出していらっしゃるのであります。教祖夫人自ら、かかる細かいことにまで、自ら御愛念のこもれるお取扱《とりあつか》いをなされておられるのであります。吾々《われわれ》もかくあるべきでありたいものであります。

先生の居室

先生の居室はたった四畳半と、六畳の二間だけであります。この六畳の間が、茶の間兼書斎になっていて、炬燵《こたつ》があり、次の間はお茶室に出来ていて神仏が祭られておるのであります。

全く、教祖と言われる方《かた》のお部屋がたった二室《へや》とは誰でも驚くことと思います。ここで、先生はすばらしい原稿をインスピレーション式にお書きになったり、ごく親しい方々と面会なされたりなさるのであります。先生はそこでそのまま御幸福なのでいらっしゃいます。奥座敷は八畳でありますが、床の間に「實相《じっそう》」の軸がかかっており、一般来訪者のためや、婦人会の集りのためなどにつかわれており、私室ではありません。

曇《くも》らされた「實相」

この「實相《じっそう》」の大軸《おおじく》が掛けられている部屋を称して、「実相の間」と言われています。この実相《じっそう》の間《ま》で、先生と二人で仕事をしておった時、何かの用事で、先生が實相の軸の前におかれてある大聖典の所に行かれ、實相の軸をしばし眺めておいでになられて、

「實相の軸に、ネズミが小尿をひっかけたよ。すっかり汚《よご》れてしまったようだ。これこそ、実相がくもらされたと言うんだね……」

とおっしゃられました。

近頃は、新しい「實相」が墨痕《ぼっこん》あざやかに掛《かか》っており、鼠《ねずみ》が全然天井を走らなくなり、静謐《せいひつ》清浄《せいじょう》な客室になっているとの事であります。すべて吾々《われわれ》の心の影と言うべきであります。

全く、実相がくもらされてはならないのでございます。

他山《たざん》の石

村田圭介氏がお山から関西方面へ、先生の随行《ずいこう》をした時の記事で、吾々《われわれ》に参考になると思いますので、その一部をここに再記させて頂きました。

○

入信当時の希《ねが》いが叶《かな》えられて、今日《きょう》谷口雅春先生の随行《ずいこう》を命ぜられた。この世に於《お》ける自分の使命がこれで一つ果《はた》された。うれしさとありがたさで一杯である。「初心忘るべからず」と。全くだ、何事をなすに当っても、初心を忘れてしまっては、終《しま》いにはどうなるのかわからなくなってしまう。どんな場合でも、初心を書きとめておく必要がある。

ハイヤーでお山から平塚へ、途中道玄坂まで奥様も御同乗される。奥様は小声で歌を口ずさまれる。嬉《うれ》しい嬉しいという御風情、先生御一家の団欒《だんらん》を拝見するようだ。無邪気な悦《よろこ》び――先生と共に在《あ》らせられる悦びがジカに伝って来る。……

「先生にお花を差し上げたい……」と、紙にくるんだ美しい切花《きりばな》を持ってお嬢さんがたずねる。「先生が靴をおはきになられる時、あなたが直接差し上げたら」と答えると嬉《うれ》しそうにその通りされた。その花束を荷物でも整理するように私が受取《うけと》ろうとしたら、先生の手は固く握ったままだ。その手の固さにハッとして自分の手を落とす。「物ではない心だ」とお教え頂いたような気がした。

朝食に半熟の鶏卵が出る。割って食べるのに音をタテないようにと卵を握り、親指で潰《つぶ》そうとした途端《とたん》、中味が飛び出して満身卵だらけになってしまった。上品ぶろうとした不始末は実に滑稽《こっけい》である。先生吹き出され、「君は豪傑《ごうけつ》だよ」「漫画になるね」とお言葉あり！　穴があったら入りたい位《くらい》であった。洋服を脱ぎ、ドテラを借用、諸用事をすます。その右往左往ぶりは、昔の弁慶も顔負けであろう。

随行《ずいこう》活動に便《べん》にと、ノータイ、ジャンバーと気負った。車中、先生如何《いかが》？　とお伺《うかが》いしたら、先生ニコニコされながら、「みすぼらしいね……礼儀を知らんね……」冷汗《れいかん》三斗《と》の思いで、早速次の到着地でネクタイを買いに出掛ける。先生の御容姿は常に端麗《たんれい》素朴《そぼく》、虚飾もない、蛮飾《ばんしょく》もない。「形は心の象徴だ」と御講義中にもあった。懺悔《ざんげ》反省多々。

豪華なお弁当を持たされ、車中で昼食となる。めったに頂けないような御馳走《ごちそう》に、ムシヤムシャ平らげていると、先生少しもお上《あが》りにならない。「こりゃあ……センドが無いよ」とお言葉。「……センドって一体何だろう」と思っていると、弁当が新鮮でない事が判明。センドは「鮮度」であった。そう言えば、開けたとき少し変だとは思ったが、食《く》い気《け》旺《おう》盛《せい》、豪華な御馳走《ごちそう》に迷わされたのだ。

「先生、あんな人間になりたいという心は正しいのでしょうか？　正しくないのでしょうか？」とおたずねすると「どんな？　人になりたい」先生の瞳がジーッと私を覗《のぞ》きこむ。とっさに徳久部長の名をあげた。飛田給始まって以来私を導いて下さった人である。先生はポツンと、

「村田圭介になればいい」

私の魂《たましい》は大きく揺れる。「ハイありがとうございます」と辛《かろ》うじて言えた。後《あと》沈黙、限りない感謝を申上《もうしあ》げる。

冷やしビールもいらない、煙草《たばこ》もいらないとおっしゃる先生を、宿の女中さん達が不思議そうに接待する。先生と問答のチャンスを掴《つか》んで、女中さんが自分の独《ひと》り言《ごと》を聞こえるように言った。「先生は一体？　何がお楽しみなんでしょう？」と。世尊拈華《せそんねんげ》せられなか

ったが、私は独《ひと》り微笑した。

村田氏は先生から、

「君は村田圭介になればよろしい」

と、おっしゃられたことは、とりもなおさず、人まねせず、自己本来の真姿《しんし》をそのまますなおに生長すればよろしい。十人十《と》色《いろ》、それぞれの生活が、生き方があるということを教えられたのであります。そして、このことについて、先生は次の如《ごと》くお書き下されているのであります。即《すなわ》ち、

自分は野の百合の如く生きたいと云《い》うけれども、
自分の云うのは万人に野の百合となれと云うのではない。
お前はお前であれ、
そこに平和と安住とがあると云うのである。
野の百合は薔薇《ばら》の花を咲こうとは思わない。
野の百合は自分に許されただけの花を開く。

そこに無理がない。

座席のこと

汽車に乗る場合、どのような座席が一番よいかと言えば、列車の進行方向に向って坐《すわ》らねばならないという方《かた》もあれば、これとは全然反対の席をとらねばという人もあるのであります。

私が先生に随行《ずいこう》したのは、戦後間もなくの汽車の不足していた〝特2〟や〝指定席〟のない不自由な時代で、三等車にのったものです。二等車の得られることもありましたが。指定がないから自分で席を選ぶのですが、先生は機関車と向かい合った席で、入口から三つ四つ目の箱の所をお選びになるのでした。その理由を憶測《おくそく》しますと、

1　入口に近過ぎると、乗降者のある際、常にそわそわさわがしい。

2　便所の臭気がする。

3　真ん中でないのは、降車、用便の際、都合がよい。

からであろうと思います。

さて、吾々《われわれ》が列車に乗る際これだけ注意を払っている者がいるでしょうか。

やはり、吾《われ》らの師は何についても細かい行《ゆ》き届いた観察をなさるのであります。

すべてが法則通りなのであります。

すべての点に綿密な注意力が配られているのであります。

先輩を立てよ

先生は、元を立てる、先輩を立てる、親を立てる……すべてのものをたてることを教えていられるのであります。この教えが少々わかりかけた頃の講師は、少々増上慢《ぞうじょうまん》になって、時には教えの大先輩達と口論し、対決騒ぎにもなりかねまじき場合が生じることもあるのであります。とにかく、先生のなされているようにすれば間違いはないのであります。即《すなわ》ち、

先生は、もとをたてられる。

自分も、もとをたてる。

先生は如何なる人にも合掌感謝なさる。

自分も如何《いか》なる人にも合掌《がっしょう》感謝する。

それでいいのであります。

教えられた通りにすればよい。

先生から特別に愛されているなどと気負っていい気になって、鼻にかけたのぼせた行いをしてはならない。先生はそんなことを教えていなさらないのであります。先生は、もとをたてることを教えられているのであります。そうだ、自分も真に、もとをたてよう。

不言悪口連盟

先生のおそばで生活していて、特に敬意を表する点は、

「他人の悪口を絶対に言われない」

ことであります。

このことにつき次の如《ごと》きすばらしい教訓的なものがあります。

ひとを貶《おと》さなければ、人を悪く言わなければ自分が偉くないような気がするものは、自分が如何《いか》に小さいかを晒《さら》しているものだ。

愚《おろか》なる人々は他《ひと》の悪口を言ったり、他《ひと》の美徳にケチをつけたり、他《ひと》の欠点をあばき出したりすればするほど、相手の人が自分を偉いと思うだろうと予想するものだが、それは、全然その反対だ。相手の人は、その時は調子を合わせてくれているかも知れないが、実際は他《ひと》の悪口を言うような人の心情《こころ》の下劣さをすばやく見のがしはしないのだ。

他《ひと》を貶《おと》すものは、自分もまたおとされるのだ。

自分は「生長の家」の兄弟たちの間に、「ひとの悪口を言わない連盟」を作りたい希望をもっている。ひとというのは他人だけのことではない、自分自身も――自分の家族、父母、兄弟、姉妹、子供すべてを含むのは無論のことだ。人間は神の子だという信念に立ち、言葉は創造者《つくりて》だという信仰を有する「生長の家」としてはこれは当然のことだ。

（新編『生命の實相』第十二巻「生活篇」一二五～一二七頁）

三戒《さんかい》

先生が特に吾々《われわれ》弟子である求道者《ぐどうしゃ》達に御注意下さること、即《すなわ》ち

一、女性に注意すべし。

二、酒に注意すべし。

三、金銭に注意すべし。

以上の三戒《さんかい》があります。

吾々は、この三戒に従順でなければならない。この三戒が一つでも守れない時、その人はやがて自ら地に堕《お》ちるのであります。

「はっきり」と発音せよ

先生御夫妻は、

「言葉の語尾を明瞭に発音なさる」

のであります。

よく、女中さんが、きき直されることは、

「ます」「ません」

のところであります。

語尾を明らかにしないということは、その人の性格の暗さを表示するものである。ですから、常日頃、語尾をはっきり発音するように習慣づけるようにと御注意を頂いたことがありました。

相手にきき直されるくらい、自分にとって、不名誉なことはありません。きき直す方《ほう》も気持よくありませんが、きき直される方《ほう》もあまり気持のよいものでないことは当然のことであります。ですから、「語尾をはっきり発音しない」ということは、結局、愛が足りないからであります。そして、自分の意志をはっきりさせない陰気《いんき》があるからでありましょう。

現代の如《ごと》き、生存競争の激しい時には、どうしても、一度で自分の意志が通じないということは、世渡りの上で甚《はなは》だしき欠点と言うべきであります。
すべからく、「語尾をはっきり発音する」習慣をつけることが立身出世の糸口であり、
又、他《ひと》に対しても深切《しんせつ》であるのであります。

先生の大愛

先生が大変に愛念の深い方であることは衆知のことであります。この愛念のお蔭《かげ》により、飛田給にある生長の家練成道場に一時、前科十三犯の泥棒が一人世話になっておりました。彼を道場へ宿泊させるようになったのは、先生が、

「刑務所から出たばかりのあの人を野放しにしとけば、彼は生活費を得るために、又々《またまた》悪事を重ね、他人に迷惑をかけることになる。道場で生活させ、〝神の子〟なる実相を皆《みんな》で拝み顕《だ》すことにして、小遣いでもやっておけば、盗みもしなくなるであろう。そうしたら、他人に迷惑をかけなくてすむから……」

という御愛念の結果なのでありました。そして、又、

「彼をああさせたのは私に愛が不足していたからだ。すまないことだ。私の責任なのだ……」

と、先生はおっしゃられたのであります。

思うにこの無限の愛によって、更生《こうせい》せしめられるのであります。

「彼が悪いから、彼を拝んで直してやろう」と思っているかぎり、いつまでたっても彼は善くならないのである。なぜならそれはまず、「彼は悪い」とみとめているのであるから、みとめている念力《ねんりき》に支えられて、いつまでも「彼の悪」は消えないのである。「彼を拝む」というのは、「彼の実相のかぎりなく善であることを礼拝《らいはい》する」のである。それはただ拝むのである。ただ彼の神性《しんせい》を尊敬する。ただ礼拝するのである。

生命を生かす

入浴のことで面白いことがあります。

故小長井講師が先生のお供をしていた時、ある日、宿で、

「先生、お風呂《ふろ》がたけましたから、どうぞお入り下さい」

というわけで、先生が御入浴なさったのだそうでありますが、そのお風呂が熱湯で、いくら水を入れてもまだまだ熱くて、どうしても入れないのです。だんだん水をさしている中《うち》に、お湯が浴槽に溢《あふ》れるばかりになり、その上、お湯をとりわけるものもないので浴槽に入れれば、お湯を無駄に流してしまい、勿体《もったい》ないから、浴槽の中へ入らずに、外で身体《からだ》を洗っただけで先生はお上《あが》りになられたのです。その後、小長井講師が入ったのだそうです。しばらくして、小長井講師が風呂からよい気分になって上《あが》って来ましたので、先生が、

「風呂桶へ入って来たのかね?」

とおききになると、

「ハイ、じゃあとあふれまして、大変よいお風呂でありました」

という答えでありました。誠に、先生は、無駄に湯を流すことが勿体なくて浴槽に入られなかったのに、小長井さんは、ゆうゆうと湯を無駄に流し、浴槽にぬくぬくとひたったのであります。二人の個性の相異がうかがわれるのであります。他山《たざん》の石とすべきことでございます。

落葉《おちば》も風流

秋風が梢《こずえ》を通って、小川のせせらぎにも似た木《こ》ずえのささやき……はらはらと木の葉が舞ったり、黒い土の上に重なり合って落ちるのも又風情《ふぜい》のあるものであります。コンクリートや舗装道路の上の落葉《おちば》は如何《いか》にも汚《よご》れた乱れた感じでありますが、お山のように広いお山では、赤黄《あかき》と色どられた落葉《おちば》が積み重なっているのも又風流なものであります。

唯《ただ》、庭掃除のことしか考えないで、掃除をしてしまうと、折角《せっかく》風流に眺め楽しむ落葉も、きれいに如何にも掃除しましたという、型にはめられた後が残るばかりであります。

飛田給にある生長の家練成道場に来られた青年男女の皆さんは、練成期間中の日課の半日を、お山の庭掃除にあてられていたことがあります。お山と言われているだけあって、先生のお邸《やしき》には大変に樹木が多いので、落葉もそれ相当《そうとう》たくさんたまるのであります。この落葉をきれいに掃《は》きとるのが、当時、飛田給の練成会に参加せられる人達の役目であったのであります。掃除をして下さると、先生御夫妻お揃《そろ》いで必ずお礼をおっしゃられたものであります。

或《あ》る日のこと、奥様は、

「落葉があるのも風流なものよ……」

とお話し下さいました。

奥様は自然を愛され、自然に木の葉が舞い落ちたままの状態を、美的観《びてきかん》で眺めておられたのでありましょう。

〝落葉利用法〟

これも先生と私と二人でお山の庭掃除をした時のことであります。

この日も、大変な落葉が庭の各所に集められました。最後に、この落葉を庭の隅《すみ》に造った塵捨場《ごみすてば》へ運んだのであります。

その時、もうこれでおしまいと思っておりますと、先生は、私が、何の考えもなしに、落葉を捨て去った塵捨場《ごみすてば》へおいでになったのであります。私は一体、先生が何をなさるのかと思っておりますと、山の如《ごと》く捨て去られている落葉の中から、小枝を拾い出されるのであります。これを見て、ああ、これは申訳《もうしわけ》ないことをしたと太《いた》く心を打たれました。私も急いで、先生と同じように、落葉の中から小枝を拾い出して行ったのであります。拾い出された小枝が見る見る中《うち》に小山の如くたくさんになりました。先生曰《いわ》く、

「落葉は腐敗して肥料になるが、小枝は肥料にはならない。小枝は、これで風呂《ふろ》をたくさん出来るからね。ものはそれぞれ生かすべきところがあるものですよ。……」

ですから、お山の風呂は、「ゴエモン」風呂で何でもたくことが出来るように造られています。先生は、かくの如く、何物をも粗末にせず、万事に細心の注意を払って行動せられているのであります。

海外に於ける生長の家大行進

先生は、ある日、米国に於《お》ける先生の誕生日祝賀式の写真をお示しになって、

「君、これ御覧。これはね、ハワイに於ける僕の誕生日祝賀式の記念写真なんだよ。ハワ

イでは、全く盛大なんだね。僕の写真を胸にかかげて市内行進やら、演壇に飾ってお祝いしてくれるんだよ……」

とお話し下さったことがあります。

ブラジルにもこのような事があったと承《うけたまわ》っております。外地《がいち》における誌友《しゆう》の方の熱意のあるのには、全く感心させられるのであります。吾々《われわれ》もこの外地における人達の熱情ある愛行《あいぎょう》にこたえて立《た》ち上《あが》り、東西呼応して、この祝賀を施行すべきであると思うのであります。

先生が、ハワイにおける先生の祝賀記念写真をごらんになっていらっしゃるお姿を拝しますと、大変感激していらっしゃるようにお見受け致しました。先生は自分の写真が掲げられることを悦《よろこ》ばれるのではありません。先生は写真を撮《と》られることや掲げられることを大変お嫌いになります。先生の写真を胸前に掲げて行進したりする外国の光景を見てよろこばれるのは、生長の家の真理がかくの如《ごと》く海外にひろがっていることを悦ばれるのであります。先生はまだ一度もハワイへ行かれたことがございませんのに(昭和三十六年当時)、この状態であります。先生の外遊をどんなにか外地《がいち》の方達は待っていらっしゃることでございましょう。先生が外国へおいでになられれば、行かれるだけで、キリストが行ったあの奇蹟が再現されることと信じておるものです。

とにかく、内地《ないち》のそのものよりも外地《がいち》における誕生日祝賀は盛大なことは確実であります。

発祥時代のなごり

現在、先生のお宅の玄関にかけられている「生長の家」の扁額《へんがく》は、遠く住吉時代に、先生のお宅の玄関にかけられていたものであります。「生長の家」本部が東京へ移転されると共に、この額も上京してまいったわけであります。この額はそれこそいろいろの事件を、黙々としてみて来ているのであります。この額に口あらば、過ぎ去りし諸事について諸々《もろもろ》の善悪について一言おききしてみたいものであります。この額を拝するとき、こんなことを考えることがあります。

天国のサンプル

お山の生活は、現象世界に投影している天国浄土の縮図であると言えるのであります。先生始め皆さまみんな拝み合い、合掌《がっしょう》感謝の生活を実践なさっていらっしゃるのでありま す。先生も女中さんに、心から合掌感謝なされ、少しも権柄《けんぺい》ずくなところなど伺《うかが》い知ることは出来ないのであります。奥様にしましても、第一に、先生をお立てになられ、秩序正しくお生活なさっていられるのであります。

大調和の神示《しんじ》にお示しになっていらっしゃるそのままの生活が、お山だと思います。神《かみの》愛《あい》の充《み》ち満《み》ちている天国でありますから、外来者の心が自《おのず》から浄《きよ》められることは当り前のことであります。天国は死んでからあるものではない。浄土は今、ここにあるのでありま す。浄土の中に生きて、呼吸していながら、そのありがたさに目覚めない人の何と多きことか。誠に残念なことであります。天国に生きていることを自覚すべし。感謝すべし……

家族会議

お山の皆さま程《ほど》お互いに意見を述べ合う家族同士は外《ほか》にいないと思うのであります。これがお山の皆さまの心を一つにぴったりとなし、明るい家庭になさしめる原因だと思うのであります。吾々《われわれ》の家庭では一体どんなふうでありましょうか。全く脚下照顧《きゃっかしょうこ》あるのみであります。

お互いに意見を述べ合うところに、不満が存することは出来ないのであります。すなおにお互いが相想《あいおも》うている通りのことを話し合うことであります。話し合い、聞き合うことであります。吾々も月一回くらいは、家族会議を開いて相互の心中を語り合うがよいと思う。

先生の読書の仕方

読書方法にも色々の方法があります。即《すなわ》ち、
一、一字一字読んで行く法。
二、各行の上段の一字ずつを読む法。
三、頁《ページ》を右上から左下へと斜めに読む法。
四、パラパラッと読む法。
五、必要な頁が自然に出て来るような読み方。
等々《とうとう》であります。

先生の読書法は、「五」に属する読み方とおききしています。というのはとにかく、その読み方がとても速いのであります。

録音

ラジオ放送で先生は一時お忙しく御活躍なさったことがございます。ラジオ放送はみんな録音でありまして、この録音をするのには、限られた時間きっかりに御法話が終るよう

に、それよりも長くも短くもいけないというので、大概は幾回《いくかい》もやり直しをするのが当り前なのだそうですが、先生は与えられた時間きっかりに、いつでもおやめになるので、絶対に録音のやり直しということがなく、放送関係の人達が大変に驚いたということであります。

全く先生は時間――生命――を大切になされるのでございます。そして又規則――法則――をしっかりとお守りになられるのであります。

蓄音機《ちくおんき》のことで

先生は蓄音機をお買いになるにしても、あらゆるものを比較して、音質の一番よい、一番上等なものを求められるのだそうであります。

私が先生の随行員《ずいこういん》をしていた頃、お山にございました蓄音機はビクターでありました。この品はもう随分前に住吉御在住当時にお求めになられたものでありますが、少しのいたみも、音質の変化も来《きた》していないのであります。（現在この蓄音機は兵庫県住吉の発祥道

場に寄附され、生長の家の重要文化財の一つとして保存されています）
ある日のこと、小型蓄音機をお山へ持参して来た人がありましたが、これは金属性の音色を発するのでお求めになられませんでした。先生はすばらしい音感を所有しておられるのだと思ったことがあります。

先生の御入浴の跡を見て

お供《とも》していて、先生の御入浴後のお風呂《ふろ》を頂戴していつも驚かされることが一、二あります。これは、どんな人でも手本とすべきことだと思います。即《すなわ》ち、

1　風呂場がきれいに掃除されている。
2　あとですぐ入浴する人がないときには、風呂桶には必ず蓋《ふた》がされている。
3　浴槽の湯の表面に少しも垢《あか》やら毛やらが浮いていないで、常に一番風呂の如《ごと》く、きれいになっている（これは恐らく、浴槽の外でよく身体《からだ》を流《ながし》洗《あらい》してから入浴し、又手拭《てぬぐい》を浴槽の中に入れられないからと思うのであります）

4　湯殿の板間《いたのま》にも、しずくなど落ちていない。

5　洗面器、或《あるい》は洗桶《あらいおけ》も裏がえしになって、キチンと片づいている。

これこそ、どんな小さなことにも注意の行《ゆ》き届くこと、即《すなわ》ち、気持よく後の人が入浴することができるようにという御愛念の表現に外《ほか》ならないのであります。日常生活の一瞬一瞬に愛を行《ぎょう》じることこそ、「易行《いぎょう》」の生長の家の神髄《しんずい》であります。すべてに注意を喚起せよ。

講習旅行中の御入浴のことども

旅で風呂《ふろ》くらい結構なものはありません。

日常でもお風呂好きの先生にあっては、長期の汽車旅行の疲れや、一日六時間の講演会の立ちつづけの筋肉のこりをときほぐすために、入浴は一種の体力回復法でもあり、気分転換法であります。そのため、どこでも、ちょうど入浴に適する温度の湯加減の風呂をたいてお待ちしているようです。中には樟脳《しょうのう》や浴用香料を浴槽に少々滴《しょうしょうした》たらして、とても感じのよい匂いをさせていられる所もありました。

又、戦中戦後の水不足の頃には、熱湯に近い風呂《ふろ》をたいたまま、「沸きましたから、おはいり下さい」と言ってそのまま加減もみずに接待する人もありました。そんな時、先生はその熱い湯をうめる水の少ないために、先生も大好きな風呂に入れないで、浴槽の外でちょっとばかり身体《からだ》を潤《うる》おされただけで入浴したような顔してお上《あが》りになられたこともあります。こんなことでは折角《せっかく》の好意も無駄になってしまうことですから、よく注意すべきであります。

この頃ではそんな間違いが起らぬように随行者《ずいこうしゃ》が、先生の御入浴に先立ちて、湯加減を見ておくことにしていられるそうであります。

先生は御入浴前に一杯の湯又は番茶をお飲みになり、ゆっくりと入浴して全身にお礼を言い、充分汗をだして老廃物の代謝《たいしゃ》を完全にされるのであります。

又、お風呂から上《あが》られた先生は、その汗のおさまるまで裸《はだ》かでのびのび手足を伸ばしてお休みになられたいことですから、お風呂をお上《あが》りになったのを待ちかまえてお茶などもって行かない方《ほう》がよろしいのです。お茶を差し上げたいなら、先生御自身でお茶をたてられるように準備をしておくだけでよいのです。客人を本当に歓待するには、客人を自由にするのがよいのです。まつわりついて媚《こ》びたり御機嫌をとったりするのを先生はお嫌いになるようです。先生への歓待はほっとけ主義で行けばよいのです。

湯加減を見る法

先生の御生活は大変科学的であります。

一例を申上《もうしあ》げますと、

お山では、お風呂《ふろ》の湯の温度は、入浴する際何度で、入浴を終る時は何度と、手加減でなくて、寒暖計を御利用になってみていらっしゃるのであります。ですから、どの人が湯加減を見てもみな同一であるのであります。

科学的と言えば、この通り徹底しているのであります。いい加減では承知できない几帳面な先生なのであります。

入浴に適当な温度は大体摂氏四十二度がよろしいのです。先生は四十一度位《くらい》から入浴して四十三度位《くらい》でおあがりになります。人体の体温より少々熱いのが入浴に適している温度であります。

誰でも自分の上役《うわやく》に随行《ずいこう》する場合はすべからく、随行者《ずいこうしゃ》は寒暖計を一本持参していて欲しいものと思います。寒暖計を忘れたり、壊したりしてない場合は、手先でなくて前膊部（肘関節と腕関節の間の部分）を全部湯の中に入れて、ちょうどよければ大体入浴に適したものであり、熱かったり、ぬるかったりしたら、そのお湯は入浴には不適当と心得ていて下されば、大変都合がよろしいと思います。

谷口雅春先生のご日常

初版発行 ―― 令和２年６月25日
再版発行 ―― 令和２年９月15日

著　者 ―― **栗原 得二**

発行者 ―― 白水春人

発行所 ―― 株式会社光明思想社
〒103-0004
東京都中央区東日本橋2-27-9　初音森ビル10Ｆ
TEL 03-5829-6581　Fax 03-5829-6582
郵便振替 00120-6-503028

装　幀 ―― 株式会社オフィスエム

印刷・製本 ―― モリモト印刷株式会社

ISBN978-4-86700-006-9

光明思想社の本